सिनेमा के चार अध्याय

सिनेमा के चार अध्याय

डॉ. टी. शशिधरन

वाणी प्रकाशन

वाणी प्रकाशन

4695, 21-ए, दरियागंज, नयी दिल्ली 110 002

शाखा

अशोक राजपथ, पटना 800 004

फ़ोन : +91 11 23273167 फ़ैक्स : +91 11 23275710

www.vaniprakashan.in
vaniprakashan@gmail.com
sales@vaniprakashan.in

CINEMA KE CHAAR ADHYAY
by Dr. T. Shashidharan

ISBN : 978-93-5072-614-3
Cinema

प्रथम संस्करण 2014
आवृत्ति 2018

मूल्य : ₹ 395

एम.एस. प्रिंटर्स, दिल्ली-110 093 में मुद्रित

वाणी प्रकाशन का लोगो मक़बूल फ़िदा हुसेन की कूची से

प्रिय पत्नी लता और बच्चे
सुमित और सायंत को समर्पित

पहला शॉट

वर्तमान युग में सिनेमा एक स्वतन्त्र और नवीन कला के रूप में मनोरंजन का सर्वाधिक सुलभ साधन सिद्ध हुआ है।

बचपन से ही सिनेमा घर के अँधेरे में, रजत पट पर, बोलती-गाती परछाइयों का खेल मुझे पसन्द है। इसके जादुई असर ने धीरे-धीरे मुझे लिखने की प्रेरणा दी। सिनेमा में ही मुझे पीएच.डी. की उपाधि मिली। यही इसका क्लाइमैक्स है।

सिनेमा के विद्यार्थियों के लिए बुनियादी जानकारी देमा ही इस ग्रन्थ के लेखों का उद्देश्य है।

डॉ. टी. शशिधरन

सीक्वन्स

सिनेमा (चित्रपट) सम्पूर्ण कलाओं का संगम है। चित्रकारी और नाटक, संगीत और शिल्प, वास्तुशास्त्र और नृत्य आदि कलाओं की तरह सिनेमा भी हमारे समय और समाज की बुनियादी और सामयिक चिन्ताओं-जिज्ञासाओं, सृजनशीलता का एक अनिवार्य अंश बनता रहा है।

मानव मनोरंजन-प्रिय है। शाश्वत और सर्वाधिक अपेक्षित मनोरंजन की महत्ता और आवश्यकता को मानव ने अपनी ज़िन्दगी के शुरू से ही अनुभव किया है। इसलिए ही तब से अब तक मनोरंजन के अनेक और विविध साधन उसके जीवन का अनुरंजन करते चले आ रहे हैं।

विज्ञान की प्रगति के कारण आज विश्व में क्रांतिकारी परिवर्तन हुआ है। अनेक पुरानी मान्यताएँ पिछड़ गयी हैं और उनका स्थान जीवन के नये मानदण्डों ने ले लिया है। सामाजिक जीवन बिल्कुल बदल चुका है। समय की कमी है, दृष्टिकोण के साथ जीवनधारा में भी बदलाव आया है। महँगी जीवन पद्धति और सुविधाओं के विस्तार के साथ ही जीवनधारा भी बदल गयी है। अतः मनोरंजन की कसौटियाँ भी बदल गयी हैं। इनमें कुछ तो पुराने ही साधन चले आ रहे हैं, जैसे-- नाटक, संगीत, चित्रकारी, विविध खेल, गोष्ठियाँ, मेले आदि। पर इनमें भी आकर्षण कम हो गया है। दूसरी ओर कुछ बिल्कुल नये चमत्कारपूर्ण और आकर्षक साधन आविष्कृत हुए हैं, जिनमें रेडियो, टेलिविज़न तथा सिनेमा प्रमुख तथा अत्यंत लोकप्रिय हैं।

रेडियो केवल श्रव्य है, जबकि टेलिविज़न श्रव्य और दृश्य दोनों है। सिनेमा आज के इन दोनों मनोरंजन के साधनों से अधिक सस्ता, लोकप्रिय और प्रभावशाली है। सुलभता में टेलिविज़न सिनेमा से आगे है, किन्तु एकाग्रचित्तता और सामाजिकता से पीछे। टेलिविज़न के लिए कोई सामाजिक बन्धन नहीं है और बटन दबाकर वह कभी भी चालू-बन्द किया जा सकता है, उसके चलते बातें हो सकती हैं। टेलिविज़न से सिनेमा की मुख्य विशेषता और आकर्षण यह है कि सिनेमा की चित्रपटी (screen) टेलिविज़न की अपेक्षा बहुत विशाल है। इसलिए दृश्यों का जैसा सजीव, स्वाभाविक और संश्लिष्ट अंकन उस पर सम्भव है, टेलिविज़न पर नहीं। इससे सिनेमा में बहुत शीघ्र रसनिष्पत्ति की सम्भावना रहती है।

अनुक्रम

सीन 1

सिनेमा का उद्‌भव

सिनेमा के विकास की कहानी मनोरंजक है। इस कला का जन्म 19वीं शताब्दी में हुआ था। इस समय इसके लिए किनेमैटोग्राफ (Kinematograph) शब्द का प्रयोग किया जाता है। किनेमैटोग्राफ मूल रूप में यूनानी भाषा का शब्द है। फ्रेंच भाषा में इस किनेमैटोग्राफ शब्द का पर्यायवाची शब्द सिनेमैटोग्राफ (Cinemotograph) है। इसमें 'सिनेमा' (Cinema) शब्द का अर्थ 'गति' (Motion) और 'ग्राफ' (Graph) शब्द का अर्थ 'आलेखन' (to write) है। इसलिए किनेमैटोग्राफ शब्द का प्रयोग वहाँ गतिविज्ञान के अर्थ में होता है। सिनेमा में भी उसके रजत पट पर गत्यात्मकता ही उसके सौन्दर्य का प्रमुख और मूल आधार है। 'सिनेमैटोग्राफ' शब्द का संक्षिप्त रूप आज का 'सिनेमा' शब्द है, जिसका हिन्दी रूपान्तर चलचित्र है।

चलचित्र-कला के द्वारा नेत्रों के सामने आने वाले स्थिर-चित्र भी द्रुत-गति से अग्रसारित होने के कारण गत्यात्मक प्रतीत होते हैं। इस आभास का मुख्य आधार मनुष्य की दृष्टि-सम्बन्धी एक विशेषता है, जिसे दृष्टि-स्थिरता (persistance of vision) कहते हैं। जब हम किसी चित्र या दृश्य को देखते हैं, तो हमारी आँखों के रेटिना (Retina) पर जो चित्र अंकित होता है, वह 1/16 सेकंड तक बना रहता है। यही दृष्टि-स्थिरता का सिद्धान्त है। इस प्रकार जब एक सेकंड़में सोलह चित्रों की गति से लगातार चित्र आँखों के सामने से गुज़रते हैं, तब द्रष्टा को उन चित्रों में गति की अनुभूति होने लगती है। चलचित्र-कला का यही आधार है और चित्र-पट पर ऐसा ही दिखाई देता है।

सन् 1826 ई. में जे.ए. पेरिस (J.A. Paris) ने एक खिलौना तैयार किया, जिसे थामट्रॉप (Thaumatrope) कहते हैं। इस खिलौने की यह विशेषता थी कि इसमें एक कार्ड (Card) जिसके दो सिरों पर डोरा बाँधा गया था, कांड के एक ओर चिड़िया का और दूसरी ओर पिंजड़े का चित्र अंकित था। जब दोनों डोरों के बीच कार्ड को जोरों से घुमाया जाता था तो द्रष्टा को यह आभास होता था कि चिड़िया और पिंजड़ा एक साथ

चित्रित है, न कि अलग-अलग। इसका कारण यह था कि जब तक चिड़िया का चित्र आँखों से मिट भी न पाता था कि पिंजड़ा सामने आ जाता था। इसके पीछे दृष्टि-स्थिरता का सिद्धान्त ही कार्य कर रहा था।

जे.ए. प्लेटो (J.A.Plateau) नामक विद्वान ने सन् 1829 ई. में दृष्टि-स्थिरता के नियम का निर्धारण किया और अपनी कृति के आधार पर सन 1833 ई. में फेनाकिस्ट स्कोप (Phenakisti scope) नामक यंत्र तैयार किया। इसके बाद सन् 1834 ई. में डब्ल्यू.जी. हार्नर (W.G. Horner) ने एक महत्त्वपूर्ण आविष्कार किया, जो आगे चलकर जैट्राप (Zeotrope) के नाम से लोकप्रिय हुआ। यह एक ऐसा यंत्र था, जिसमें बहुत से चित्र एक चर्खे में पास-पास चिपका दिये जाते थे। इसके आगे एक और चर्खा लगी होती थी। जब जैट्राप को घुमाया जाता, तब द्रष्टा को चित्रों में गति होने का आभास होता।

इन प्रारम्भिक चित्रपटीय सम्भावनाओं के अतिरिक्त जब फ्रांस में सन् 1839 के आस-पास छायांकन के कैमरे (Camera) का आविष्कार लुइस डेग्यूरे ने किया और उसका क्रमशः विकास हुआ, तब सिनेमा के कैमरे के आविष्कार की मूल प्रेरणा सेनफ्रांसिको के अंग्रेज़ फोटोग्राफर एडवर्ड मेब्रिज (Edward Maybridge) ने अपने एक प्रयोग से सन् 1877 में दी। उसने एक पंक्ति में 25 कैमरे लगाकर एक भागते हुए घोड़े के चित्र उतारे थे। इस प्रयोग के लिए मेब्रिज ने सभी कैमरों के शटर (Shutter) एक तागे से इस प्रकार बाँधे थे कि जब घोड़ा उन कैमरों के सामने से दौड़ा, तब एक के बाद एक तागा टूटता गया और शटर खुलकर बन्द होते गये तथा इस प्रक्रिया से भागते हुए घोड़े के एक के बाद एक 25 चित्र खींच गये। उन सभी चित्रों को जब एक साथ रखकर देखा गया तो ऐसा प्रतीत होता था कि मानो घोड़ा दौड़ रहा हो। इस सफलता से उत्साहित होकर मेब्रिज ने 'जूफेस्कोप' नामक यंत्र का निर्माण किया, जिसे चलचित्रों के कैमरे का प्रथम रूप कहा जा सकता है।

मेब्रिज के इस आविष्कार के उपरान्त चित्रपट के इतिहास में सर्वाधिक महत्त्वपूर्ण आविष्कार टामस एलवा एडिसन का है। उन्होंने इस क्षेत्र में प्रयोग करके किनेटोस्कोप (Kinetoscope) नामक यंत्र का निर्माण किया और सन् 1891 में उसे पेटेन्ट (patent) कर लिया। इसी समय के आस-पास, सन् 1889 में जार्ज इस्टमैन (George Eastman) ने सिलोलाइड़फिल्म (Celluloide Film) का निर्माण किया। अपने किनेटोस्कोप पर ये सिलोलाइड की नयी फिल्म चढ़ाकर एडिसन ने 3 अक्तूबर, 1889 को, न्यू जर्सी नगर के वेस्ट ओरैंज (West Orange) क्षेत्र में स्थित अपनी प्रयोगशाला में चित्र प्रदर्शन किया, जो बड़ा सफल रहा और भविष्य में चलचित्रों के निर्माण की सम्भावनाएँ और दृढ़ हो गयी। पर इतना सब कुछ होते हुए भी, एक समय में एक व्यक्ति ही चित्र-दर्शन का आनन्द ले सकता था, बहुत से लोग नहीं।

इस कमी को प्रोजेक्टर (Projector) के आविष्कार ने दूर किया।

प्रोजेक्टर के क्षेत्र में वाशिंगटन के थामस एरमट (Thomas Armat) का नाम उल्लेखनीय हैं, जिन्होंने जून 1895 में आधुनिक प्रोजेक्टर का आविष्कार किया। उन्होंने एक मशीन बनाई, जिसका प्रथम प्रदर्शन सितम्बर 1895 में काटन स्टेटस प्रदर्शनी एटलांटा (Cotton States Exhibition, Atlanta) में हुआ। इसने एडिसन के किनेटोस्कोप के चित्रों का सफल प्रदर्शन किया। इसी को आगे चलकर वीटास्कोप (Vitascope) कहा जाने लगा।

चलचित्र-कला में धीरे-धीरे सुधार हो रहा था। अन्वेषक वैज्ञानिकों के परिश्रम के फलीभूत होने का वक्त आ पहुँचा था। न्यूयॉर्क में 23 अप्रैल, 1896 को एडिसन ने किनेमैटोग्राफ का सार्वजनिक रूप से प्रदर्शन किया। यह प्रदर्शन अमेरिकावासियों के लिए किसी वैज्ञानिक चमत्कार से कम नहीं था। इस प्रदर्शन में एडिसन ने 50 फुट लम्बी सेल्युलाइड-फिल्म का प्रयोग किया था।

एडिसन ने जो फिल्में बनायी, उनमें कथा न थी, वरन् स्फुट दृश्य थे। कुछ वर्षों बाद सन् 1906 में पहली बार एक ऐसी फिल्म बनी, जिसमें एक सजीव घटना का चित्रण था। उस फिल्म का नाम 'Life of An American Fireman' था। थोड़े ही दिनों पश्चात 'The Great Train Robbery' नाम की एक दूसरी फिल्म बनी, जो एक लघु कथा पर आधारित थी। एडविन.एस. पोर्टर (Edwin.S. Porter) की इस फिल्म को रूपक चित्रों की प्रथम कड़ी कहा जा सकता है।

इस समय तक अमेरिका के अतिरिक्त इंगलैंड, जर्मनी और फ्रांस जैसे देशों में भी चलचित्र का निर्माण और प्रदर्शन बड़े उत्साह से प्रारम्भ हो गया था। सन् 1903 में ब्रिटेन में 'Life and Death of Charles Pierce' का निर्माण हुआ था। इसके कुछ समय पश्चात 'Rescued by River' नाम की फिल्म वहाँ बनी। इसे ब्रिटेन का प्रथम कथाचित्र कहा जाता है।

फ्रांस में इस दिशा में लुमियरे-बन्धुओं (Louis and Auguste Lumiere) का योगदान सर्वाधिक महत्त्वपूर्ण है। सन् 1895 में इन लोगों ने सिनेमैटोग्राफ मशीन तैयार की, जिसमें कैमरा, प्रिंटर तथा प्रोजेक्टर सब जुड़े थे। इस मशीन की विशेषता यह थी कि यह आसानी से लाया-जाया सकता था। इसके द्वारा लुमियरे-बन्धुओं ने 28 दिसम्बर, 1895 के दिन पेरिस के ग्रांड कैफे (Grand Cafe) में जनता के सामने चित्र प्रदर्शन किया। इस प्रदर्शन को देखने के लिए प्रवेश-शुल्क लिया गया था। ऐसा प्रवेश-शुल्क देकर 120 दर्शकों ने लुमियरे-बन्धुओं के इस आविष्कार का आनन्द उठाया था। चलचित्र को व्यापार का रूप देने का यह प्रथम अवसर था।

इस प्रकार 19वीं शताब्दी के अन्तिम वर्षों में सिनेमा विश्व में लोकप्रिय हो चला था।

सीन 2

विश्व सिनेमा

विश्वविख्यात वैज्ञानिक टामस एल्वा एडीसन ने 6 अक्तूबर 1889 को और फ्रांस के लुमियरे-बन्धुओं ने 28 दिसंबर 1889 को जनता के सामने चित्र-प्रदर्शन किया। कलाकार, लेखक 'डेविड वार्क ग्रिफ्त' कैमरे को सर्वप्रथम कलाकारों के समीप लाये। उन्होंने 'रंगमंचीय अभिनय' तथा 'चलचित्रीय अभिनय' के भेद को स्पष्ट किया। ग्रिफ्त की फिल्में- 'दि बर्थ ऑफ ए नेशन' और 'इनटालरेंस' अज्ञानावस्था में भटके हुए निर्देशकों को प्रेरणा प्रदान कर सकती है। रूस के 'आइसंसटीन' ने चलचित्रों की संपादन-कला में क्रांतिकारी परिवर्तन कर दिया। मानव मन की गहराइयों को अन्तर्द्वन्द्व के द्वारा प्रकट करने का सर्वप्रथम प्रयास जर्मनी के निर्देशकों के द्वारा किया गया। 'फ्रिज़ लांग', 'मुरनो', 'राबर्ट वीन' और पाब्सटन के चलचित्र 'दि कैबिनट ऑफ डॉ. कैलिगरी' और 'दि लास्ट लाफ' आदि में मानव का मानसिक संसार उभर कर सामने आया। रूस के 'आइसन्सटीन' ने चलचित्रों की सम्पादन-कला में क्रान्तिकारी परिवर्तन कर दिया। फ्रांस, इटली, जर्मनी, ब्रिटेन और रूस के चलचित्र उद्योगों को प्रथम विश्वयुद्ध ने अपनी भीषण लपेट में ले लिया। तभी अमेरिका में हॉलिवुड के चलचित्र उद्योग का जन्म हुआ।

प्रथम विश्वयुद्ध की समाप्ति और द्वितीय विश्वयुद्ध के प्रारम्भ होने तक विश्व सिनेमा पर अनेक महत्त्वपूर्ण परिवर्तन हुए। सबसे बडी बात यह हुई कि चलचित्र सवाक हो गये। इस उपलब्धि से विश्व सिनेमा का स्वरूप बदल गया। द्वितीय विश्वयुद्ध की समाप्ति पर, जब मानवता युद्ध के भयानक, वीभत्स और निराशा भरे परिणाम को सहन करने के लिए विवश हो गई, तब नव-यथार्थवादी समाज का एक ऐसा स्वरूप उभरा, जिसने सबसे पहले इटली, फ्रांस, पोलैण्ड, जापान, स्वीडन और कुछ बाद में भारत के कतिपय निर्देशकों का ध्यान अपनी ओर खींचा और नव-यथार्थ पर आधारित ऐसे चलचित्र विश्व-सिनेमा पर उभरे कि समस्त विश्व के निर्देशक इटली से उठी इस लहर को लोहा मान गये। इटली के ये चलचित्र थे- डी-सिका के 'शू

शाइन', 'बाइसिकल थीफ', 'मिरेकिल इन मिलान' और विसकोन्ती की फिल्म 'ला टेर्रा ट्रीमा' आदि। अन्य निर्देशकों में माइकेल एंजलो अन्तोनियोनि, एरमानो ओलमी और लीना वर्टमूलर आदि का नाम भी उल्लेखनीय हैं।

इटली के अतिरिक्त पोलैण्ड के निर्देशक पोलेंस्की ('नाइफ इन द वाटर'), जापान के अकिरा कुरोसावा ('रो शोमान'), स्वीडन के इंगमार बर्गमेन ('वाइल्ड स्ट्राबरीज़', 'विर्जिन स्प्रिंग', 'दि मैजीशियन' और 'सायलेंस'), चेकोस्लोवाकिया के जॉन निमेक ('डाइमेण्ड ऑफ द नाइट') आदि निर्देशक विश्व-सिनेमा को ऐसे नवीनतम आयाम देने में सफल हुए, जिनका प्रत्यक्ष और अप्रत्यक्ष प्रभाव विश्व के जागरूक निर्देशकों पर पड़ा। भारत के सत्यजित राय ने अपने मौलिक प्रतिभा से विश्व के अन्य महान निर्दोशकों के बीच अपना स्थान हासिल कर लिया।

हॉलिवुड का 'स्टार वार्स', 'क्लोज़ एनकाउंटर ऑफ द थर्ड काइंट्स', 'सुपर मैन' आदि भव्य फिल्मों की सफलता एक तरफ सिनेमा और टेलिविज़न की जबरदस्त टक्कर की बात बनाती है और दूसरी तरफ सिनेमा को 'मास आर्ट' के रूप में प्रतिष्ठित करने की बड़ी कोशिश भी है। हॉलिवुड ने बरसों से दुनिया भर के फिल्म बाज़ार को अपने कब्जे में कर रखा है और 'गोन विद द विंड', 'बेनहर', 'लारेंस ऑफ अरेबिया', 'पैटर्न', 'स्टार वार्स', स्टैनली क्युब्रिक की '2001 : ए स्पेस ओडीसी', 'ए क्लोक वर्क ऑरज' तथा 'बैरी लंडन', जेमस कामरूण की 'टैटानिक' तथा 'अवतार' (2001) आदि फिल्मों की व्यवस्था ऐसी रही है जो सिनेमाई छवि के भव्य रूप का इस्तेमाल करती चली आ रही है।

विश्व-सिनेमा की कुछ क्लासिकल फिल्मों का परिचय इस प्रकार हैं-

1. वित्तोरियो डी. सिका

अभिशप्त जन-जीवन से कथा-सामग्री जुटा कर नये प्रकार के यथार्थवादी (Neo realism) चलचित्रों का निर्माण करने वाला इतावली का महान फिल्मकार है वित्तोरियो डी. सिका।

डी. सिका और लेखक तथा फिल्म समीक्षक चेसारे जावातीनी ने 1942 से एक साथ फिल्मों पर काम शुरू किया था। इस जोड़ी ने मिलकर इतालवी नव यथार्थवाद को एक नई दिशा दी। साधारण जीवन के असाधारण रूप पर्दे पर आये। निर्देशक और लेखक के काम में यह सन्तुलन सिनेमा के इतिहास की एक बड़ी घटना है। इस जोड़ी की पहली फिल्म है- 'बच्चे हमें देखते हैं'

(1942)। इस फिल्म का मुख्य पात्र प्रिक्को नामक बच्चा है। प्रिक्को की माँ को एक पुरुष से नाजायज सम्बन्ध है। शकी पिता प्रिक्को को इसके बारे में पूछकर तंग करता है। पिता आत्महत्या करता है। घर के घुटन भरे वातावरण से बचकर वह बोर्डिंग स्कूल में भर्ती होता है। वहाँ की ऊँची दीवारें, पहनी हुई वर्दी-ये सब उन्हें एकाकी बनाती है।

1946 में डी.सिका ने 'शू शाइन' (Shoe Shine) बनाई थी। शू पॉलिश करके जीवन यापन करने वाले दो बच्चे ही इस फिल्म के मुख्य पात्र हैं। युद्ध के बाद गरीबी के कारण विवश होकर वे समाज विरोधी तत्वों के गिरोह में पड़ते हैं। एक प्रणय-कथा को बिना मेलोड्रामा के बड़ी संजीदगी, संवेदना और मार्मिकता के साथ इस फिल्म में निर्देशक ने गूँथा है।

बाइसिकल थीव्ज़ (Bicycle Thieves)

'बाइसिकल थीव्ज़' (1948) डी. सिका की सबसे प्रसिद्ध फिल्म है। इस फिल्म को जब अंतर्राष्ट्रीय स्तर पर रिलीज़ किया गया तो दुनिया भर के फिल्म प्रेमी स्तब्ध रह गये। एक नई तरह के सिनेमा ने जन्म लिया था।

बेरोज़गार नायक, पत्नी और एक छोटा बच्चा-यह है नायक का छोटा परिवार। अन्त में उसे एक नौकरी मिलती है। शर्त यह है कि उसके पास एक साइकिल चाहिए। घर के कुछ सामान गिरवी रखकर वह साइकिल खरीदता है। साइकिल पर ताला नहीं लगा था। एक दिन वह चोरी हो गयी। नायक अपने बेटे के साथ साइकिल की तलाश शुरू करता है। कभी वे भाग्य बताने वाले के चक्कर में फँस जाते हैं, कभी यूनियन की मीटिंग में तो कभी वेश्यालय पहुँच जाते हैं। मज़बूर होकर वह एक दूसरे व्यक्ति के साइकिल चोरी करने की खुद एक कोशिश करता है। पकड़े जाने पर बेटे के सामने उसे नज़रें झुकानी पडती है। बच्चे के हाथ पकड़कर वह गली से आगे बढ़ता है। सच्चे दिल से जीवन बिताने का उपदेश देने वाला पिता, अब दूसरों की दृष्टि में चोर बन गया है। घृणा, निराशा आदि भाव उस मासूम चेहरे पर प्रतिबिंबित होते हैं ...कभी न भूलनेवाला एक दृश्य।

प्रसिद्ध ब्रिटिश फिल्म पत्रिका 'साइट एण्ड साउंड' 1952 से हर दस साल में दुनिया भर के समीक्षकों के सहयोग से सिनेमा के इतिहास की दस सर्वश्रेष्ठ फिल्में चुनती है। 1952 की दस सर्वश्रेष्ठ फिल्मों की सूची में 'बाइसिकल थीव्ज़' सबसे ऊपर थी।

डी. सिका की अन्य फिल्में हैं- 'अम्बरट्टोडी', 'मिराकिल इन मिलान' आदि। डी. सिका की फिल्मों में यथार्थ की ऐसी तस्वीर थी जो युद्धोत्तर यूरोप की बेरोज़गारी,

गरीबी, भुखमरी आदि को मार्मिक ढंग से पर्दे का हिस्सा बना देती थी। विकासशील देशों में आज भी अधिक संख्या में जनता को इन्हीं समस्याओं से जूझना पड़ रहा है। इसलिए आज भी भारत में डी. सिका की फिल्में समकालीन और प्रासंगिक हैं।

1952 में भारत के प्रथम अन्तर्राष्ट्रीय चलचित्र महोत्सव के अवसर पर प्रदर्शित 'बाइसिकल थीव्ज़' चलचित्र ने भारत के कुछ जागरूक निर्देशकों को बेहद प्रभावित किया और पहली बार उन्हें अनुभव हुआ कि सीमित अर्थ व्यवस्था से भी सुन्दर और यथार्थवादी चलचित्रों का निर्माण सम्भव है। इसी से प्रेरित होकर चलचित्रों में यथार्थोन्मुख आदर्शवाद की नींव रखने का प्रयत्न करते हुए सत्यजीत राय ने एक ऐसा अभूतपूर्व चलचित्र 'पाथेर पांचाली' का निर्माण किया, जिसने न केवल बंगला चलचित्र शिल्प को ख्याति के शिखर पर पहुँचाया, बल्कि समस्त भारतीय चलचित्र-उद्योग की धाक अंतर्राष्ट्रीय चित्रपट जगत में स्थापित कर दी।

'बाइसिकल थीव्ज़' के बारे में सत्यजीत राय ने एक लेख में लिखा - ''बाइसिकल थीव्ज़' सिनेमा के बुनियादी तत्वों का अत्यन्त सफल पुनरन्वेषण है। डी सिका ने चैपलिन के ऋणी होना खुलकर स्वीकारा है। फिल्म के विषय की सहज सार्वभौमिकता, उसकी प्रभावशाली प्रस्तुति और निर्माण की कम लागत के कारण भारतीय फिल्म निर्माताओं के लिए यह एक आदर्श फिल्म है। वे इसका अनुशीलन करें। ...एक लोकप्रिय कला के लिए सर्वोपरि प्रेरणा स्रोत मानव-जीवन ही होना चाहिए उसी में वह बद्धमूल होनी चाहिए।''

2. अकीरा कुरोसावा

जापान की चलचित्र शैली, कथावस्तु और पूर्वी संस्कृति तथा जीवन दर्शन का चित्र प्रस्तुत करने वाले विश्वप्रसिद्ध निर्देशक हैं अकीरा कुरोसावा। कुरोसावा चित्रकार थे। अपनी पहली फिल्म 'दो देशकथन' के निर्माण के लिए उन्हें अपना घर गिरवी रखना पड़ा। कोई भी फिल्म निर्माण संस्था उन्हें पैसा देने के लिए तैयार न थे। उनकी फिल्मों की भविष्य के बारे में वे चिन्तित थे।

अन्तर्राष्ट्रीय स्तर पर ख्याति प्राप्त कुरोसावा की तीन फिल्में हैं- 'राशोमोन' (1951), 'कगेमुषा' और 'दरसू उसाला'। एक लोक कथा पर

आधारित फिल्म है 'राशोमोन'। आँधी से बचने के लिए जर्जर सराय में तीन राही पहुँचते हैं। उस रात वहाँ एक बलात्कार और हत्या होती है। उसका जिम्मेदार कौन है? मरे हुए व्यक्ति की आत्मा भी इस फिल्म का पात्र है। हर पात्र अलग-अलग बयान देता है। इनमें कौन सही है-कोई नहीं जानता। दूसरे विश्वयुद्ध में हिरोशिमा में बम-वर्षा होने से कई लोगों की मृत्यु हुई। इसका जिम्मेदार कौन है? गलती को सही सिद्ध करने की कोशिश कई लोग करते हैं। 'राशोमोन' का आशय भी यही है। सच्चाई के मुँह पर नकाब डालता है। इस फिल्म की शुरुआत में तेज़ बारिश का अविस्मरणीय इस्तेमाल है। छोटे-छोटे फ्लैशबैक से ही कहानी आगे बढ़ती है। वेनिस फिल्मोत्सव में इस फिल्म को 'ग्रांड प्रिक्स' पुरस्कार और 1952 में हॉलिवुड का 'ओस्कार' पुरस्कार भी मिला। आज इस फिल्म को कालजयी कृति माना जाता है। सिनेमा का इतिहास इस फिल्म के बिना अधूरा नज़र आता है।

सत्यजित राय ने कुरोसावा की फिल्म 'राशोमोन' 1952 में देखी। वे उससे इतने प्रभावित हुए कि उन्होंने उसे लगातार तीन दिन देखा। राय ने अपने एक लेख में लिखा हर बार मैं विमुग्ध होकर सोचता कि क्या कहीं ऐसी दूसरी फिल्म है जिसमें फिल्म निर्माण के हरएक पहलू पर निर्देशक का निरन्तर और चकित कर देने वाला सम्पूर्ण अधिकार हो। आज भी, पन्द्रह वर्ष बाद फिल्म के कितने ही प्रसंग दृश्य-बिम्बों और ध्वनि की पूर्णता के साथ स्पष्ट रूप में स्मृति में उभर आते हैं।''

'कागेमुषे' एक युद्ध-चित्र है। अपने अस्तित्व के लिए तक्केड़ा जाति के लोगों को कई सालों तक लड़ाई करनी पड़ी। युद्ध में जाति के मुखिया शिंकन प्रभु की मृत्यु होती है। उसके स्थान पर उसके हमशक्ल डाकू को मुखिया बनाया जाता है। लोगों में धीरज बनाये रखने के लिए ही ऐसा कराया है। धीरे-धीरे डाकू में मनःपरिवर्तन होता है, वह भलामनुष्य बनना चाहता है। भेद खुलने पर लोग नाराज़ होते है और उसे भगा देते है। लक्ष्यहीन होकर वह घूमता रहता है। अन्त में वह युद्ध में भाग लेता है, वहीं उसकी मृत्यु होती है। 1980 में कान फिल्मोत्सव में इस फिल्म को पुरस्कार मिला।

'दरसू उसाला' में मानव और प्रकृति के आपसी सम्बन्ध का चित्रण हुआ है। रूस के हिमशैलों पर पर्यवेक्षण करने वाले व्लाडिमर अर्सनेव और साथियों की मुलाकात गोलडिगिरि वंशज दरसू उसाले से होती है। प्रकृति की संतान, दरसू को वे अपने संघ में शामिल करते हैं। व्लाडिमर के वापस जाते ही दरसू वन की ओर लौटता है। कई वर्ष बीत जाता हैं। एक बार फिर दोनों की मुलाकात होती है। व्लाडिमर के ज़िद्द पर दरसू उसके घर जाते हैं। प्रकृति की ओर लौटने की इच्छा दरसू के मन में बार-बार होती है। व्लाडिमर अनुमति देता है। जाते वक्त उसको एक बन्दूक भी देता है। वन पहुँचने के अगले दिन दरसू की हत्या का समाचार व्लाडिमर को मिलता है। बन्दूक की चोरी करने

के लिए ही उनकी हत्या की गई थी। व्लाडिमर ने देखा दरसू के कब्रिस्तान पर उसकी छड़ी एक क्रोस के समान गड़ी है। यहाँ मानव और प्रकृति फिर एक बन जाते हैं। इस फिल्म को 'ग्रांड प्रिक्स' (मोस्को), 'ओस्कार' (हॉलिवुड), 'सुवर्ण मयूरम' (भारत) आदि पुरस्कार मिले थे।

कुरोसावा साधारण जीवन के संघर्ष, आनन्द, मर्म आदि को गहरे स्तर पर पहचानने वाले फिल्मकार हैं। 'दि हिडन फोर्टरेस' (1958) में एक किशोर उम्र की राजकुमारी युद्ध के बाद अपने एक बहादुर सेनापति के साथ भागती-छिपती हालत में साधारण जीवन को जब नज़दीक से देखती है तो उसे महसूस होता है कि वह उसके जीवन के सबसे अच्छे क्षण हैं। एक 'अग्नि महोत्सव' में हज़ारों लोग लकड़ियाँ एकत्रित करके एक जगह पर लाते हैं। रात भर नाचते-गाते हैं। राजकुमारी भी नाचती है। एक साधारण लड़की के रूप में नाचते-गाते हुए उसे जीवन का सही रस समझ में आता है। इस फिल्म को बर्लिन फिल्मोत्सव में पुरस्कार मिला था।

सामुराई फिल्मों की चर्चा के बिना कुरोसावा का अध्ययन अधूरा है। खुद कुरोसावा एक सामुराई परिवार से है। जब वह पैदा हुआ, तो न तो लम्बे-चौड़े जापानी रह गये थे और न ही शानदार घोड़े बचे थे। लेकिन फिल्म में सामुराई 'एकशन' को कुरोसावा ने अविस्मरणीय बना दिया है। तोशीरो मिफूने सरीखा अभिनेता ही इस सामुराई छवि के साथ न्याय कर सकता था। कुरोसावा की फिल्म 'सेवन सामुराई' में एक बूढ़ा सामुराई अपनी जान हथेली पर रखकर एक डाकू के पंजों से एक बच्चे की जान बचाता है। इस फिल्म को वेनीस का 'सिलवर लायन' (1954) पुरस्कार मिला।

1970 में कुरोसावा ने जब अपनी पहली रंगीन फिल्म बनाई ('दोदेसकादेन') तो उन्हें अपनी प्रोडेक्शन कम्पनी खुद बनानी पड़ी। वैसे भी जापान की गरीब और गन्दी बस्ती पर रंगीन फिल्म बनाने का विचार जापानी स्टुडियो व्यवस्था को अनुकूल नहीं नज़र आता। यह फिल्म भले ही 'राशोमोन' सरीखी ख्याति न पा सकी हो, लेकिन कुरोसावा की फिल्म कला का इसमें अत्यन्त संवेदनशील चित्रण है।

अभिनेताओं का चुनाव करते समय कुरोसावा गलती नहीं करते थे। अज्ञात या अन्य परिचित अभिनेताओं का अद्भुत इस्तेमाल 'दोदेसकादेन' में हुआ है।

कुरोसावा की अन्य प्रसिद्ध फिल्में हैं- इकिरु (बर्लिन से सिलवर बेर पुरस्कार-1952 और अमेरिका से गोल्डन लारल ट्राफी, 1961), 'दि लोवर डेप्त्स', 'रड बयेर्ड' (वेनिस के चार पुरस्कार), 'दि हाई एण्ड लो', 'दि त्रोण आफ ब्लड' आदि।

3. इंगमेर बर्गमैन

चलचित्रों के माध्यम से जीवन की अनुभूतियों और संवेदनाओं को व्यक्त करने में सिद्धहस्त विश्व-विश्रुत स्वीडी (Sweedish) फिल्मकार है इंगमर बर्गमैन। बर्गमैन ने 1946 से 1982 के बीच आश्चर्यजनक रचनात्मकता और स्वतंत्रता का प्रदर्शन करते हुए 40 से भी अधिक फिल्में बनायी। उन्होंने एक साथ लगभग सवा सौ नाटकों और चालीस फिल्मों का निर्देशन किया। अपनी खास तरह की बौद्धिक सिनेमाई भाषा में उन्होंने नाटकों के कुछ गुण भी लिये, पर उनका सिनेमा मुख्यतः विचारों का सिनेमा है, जो आधुनिक मनुष्य के चेहरे और उसकी आत्मा का चित्रण अद्‌भुत ढंग से करता है।

(क) स्माइल्स ऑफ ए सम्मर नाइट (Smiles of a Summer Night)

बर्गमैन को वास्तविक अन्तर्राष्ट्रीय ख्याति 1955 की फिल्म 'स्माइल्स ऑफ ए सम्मर नाइट' (Smiles of Summer Night) से मिली थी। इस फिल्म का ढाँचा लगभग एक नाटक की तरह है। कॉमेडी फार्म (Comedy Form) का इस्तेमाल करते हुए बर्गमैन ने कई तरह की औरतों की दुनिया को उभारा है। पुरुषों के पाखंड के परिहास भाव का परिचय देते हुए सामने लाया गया है। मर्द की हेकड़ी मूर्खतापूर्ण रीति से दिखानेवाला एक सैनिक अफसर फिल्म के शुरु में एक संवाद में कहता है कि मैं अपनी बीवी की बेवफाई सहन कर सकता हूँ लेकिन कोई मेरी रखैल को छुएगा तो मैं चीते की तरह हो जाऊँगा। फिल्म के अन्त में जब इस अफसर को बीवी की बेवफाई की भनक मिलती है तो उसका संवाद यह है कि कोई मेरी रखैल से छेड़छाड़ करें तो मैं सहन कर सकता हूँ, पर कोई मेरी बीवी को छुएगा तो मैं चीता हो जाऊँगा। बर्गमैन अपनी फिल्मों में उच्च वर्ग की स्त्रियों की दुनिया की गहरी जाँच करते हुए साधारण औरतों की ज़िन्दगी में भी मार्मिक ढंग से प्रवेश करना नहीं भूलते हैं। 'स्माइल ऑफ ए सम्मर नाइट' में एक चुलबुली नौकरानी का दिलचस्प रोल (role) है जो ग्रीष्म की रात के उस क्षण को पकड़ना चाहती है, जब साधारण, वंचित और अभागे लोग जीवन का अपना आनन्द खोजने में सफल हो जाते हैं।

'दि सेवन्थ सील' (The Seventh Seal), 'दि विर्जिन स्प्रिंग' (The Virgin Spring) और 'सो क्लोस टु लाइफ' (So close to Life) बर्गमैन की जानदार फिल्में

हैं। उनकी 'वाइल्ड स्ट्राबेरीज़' (Wild Strobberies) दुनिया भर में आज तक बनी हुई अच्छी फिल्मों में से एक मानी जाती है।

(ख) दि सेवन्थ सील (The Seventh Seal)

ईश्वर से बातचीत, मुठभेड़, प्रश्नाकुलता बर्गमैन की प्रारम्भिक महत्वपूर्ण फिल्मों का केंद्रीय कथानक है। 'दि सेवन्थ सील' का शूरवीर योद्धा ब्लोक दस साल के धर्मयुद्ध के बाद धर्म, नैतिकता और जीवन की व्यर्थता को तीव्रता से महसूस कर रहा है। मृत्यु उसका पीछा कर रही है। वह मृत्यु के साथ शतरंज खेलकर मृत्यु से बचने की नहीं बल्कि जीवन को समझने की कोशिश कर रहा है। धर्म का क्रूर और पाखंडी रूप उसके सामने हैं। एक साधारण जादूगर जोसफ के परिवार में ज्यों ही वह जीवन के श्रेष्ठ और मानवीय रूप की झलक देख लेता है तो मौत की बाँहों में जाने से पहले वह बस इस परिवार को बचा लेना चाहता है। वह शतरंज के खेल में मृत्यु को भी थोड़े समय के लिए उलझाने में सफल हो जाता है। ज्ञान और विचार के इस फिल्म को बर्गमैन ने गुनार फिशन की अद्‌भुत सिनेमाटोग्राफी से अविस्मरणीय बना दिया है।

(ग) दि विर्जिन स्प्रिंग (The Virgin Spring)

यह फिल्म दर्शक को हर पल याद दिलाती रहती है कि सिलुलाइड (Celluloid) का छोटे-से-छोटा टुकड़ा भी फालतू नहीं है। फिल्म के शुरु होते दर्शक देखते हैं कि एक फूंकनी में इंगोरी आग की लकड़ियों को फूंकती है। लपट उठती है। वह उठकर एक लम्बा खम्भा हाथ में लेती है और उसे ऊँचा कर ऊपर छत में से भारी उजालदान खोलती है। झोंपड़ी-नुमा घर का यह दृश्य मध्ययुगीन ज़िन्दगी की असलीयत पहले से ही बता देती है। उजालदान की चौकोर खिड़की खम्भे से टिकी हुई है। उसमें से हिलता हुआ धुआँ ऊपर जाता है। उसके पार है ज़रा-सा आकाश और वहीं से सवेरा आता है- उजाला। वही उजाला एक बार फिर चौबीस घंटे बाद आता है। उन चौबीस घंटों के बीच क्या घटित होता है ?

कारीन एक गर्वीली किशोर लड़की है। उसके माता-पिता उसे चर्च भेजते हैं। साथ में उसकी चचेरी बहन इंगोरी जाती है दोनों दो घोड़ों पर। इंगोरी एक गाँव में रुक जाती है। कुछ समय बाद उसे तंग किया जाता है। वह अपना घोड़ा छोड़कर कारीन के पीछे दौड़ती है। कारीन अकेली ही अगले गाँव के समीप जा पहुँचती है। सरहद के पहले ही उसे जंगली चारवाहे घेर लेते हैं। उनमें से दो जवान और एक बालक है। जवान चारवाहे कारीन को लूट कर बलात्कार करते हैं। वे तीनों वहाँ से भाग जाते हैं। छिपते छिपाते रात हो जाती है। एक गाँव के समीप पहुँचकर एक

घर में 'रहने के लिए पनाह माँगते हैं। यह एक अजीब इत्तफाक है कि वह गाँव और वह घर कारीन के माता-पिता के हैं। वे पकड़े जाते हैं।

इसी समय इंगोरी भी लौट आती है जिसने दूर से कारीन की हत्या को देखा था। वह हत्यारों को पहचान लेती है, क्रोध से पागल हो गया पिता तीनों चरवाहों को कुल्हाड़ी से काट डालता है। माता-पिता आदि भागते हुए जंगल की ओर दौड़ते हैं। पिता कारीन की लाश को उठाता है। सारा स्क्रीन दर्द से सिसक उठता है। वह शपथ लेता है कि वहीं पर वह एक चर्च बनायेगा। मृत देह को वह धरती पर रखता है। निर्देशक बर्गमैन ने एक शालीन प्रतीक का उपयोग किया है। मृत कारीन के सिर से 'सफेद झागदार पानी' का सोता फूट निकलता है। एक दृश्य में कारीन की लाश पड़ी है। दूसरे दृश्य में चारवाहों ने पास में कारीन की पोटली खोलकर उसका भोजन किया है। दो भाई फटाफट खा डालते हैं। किन्तु तीसरा छोटा भाई 10-12 वर्ष का, जो बलात्कार में शामिल नहीं है और परिस्थितिवश अपने निर्दयी भाइयों के साथ है ऐसा लगता है, भोजन मुँह में लेते ही उल्टी कर देता है।

एक दृश्य - कारीन के अनजाने माता-पिता भी तीनों को भोजन कराते हैं। उस समय भी निर्देशक उस दृश्य को दोहराते हैं। वही लड़का तब भी भोजन की उल्टी कर देता है।

एक अविस्मरणीय दृश्य - कारीन की मृत-देह को छोड़कर तीनों भाई भागते हैं। मगर छोटा लड़का लौट-लौटकर लाश पर धरती से मिट्टी उठा-उठाकर फेंकता है।

मनुष्य की यौन-विकृतियों को अभी तक किसी भी चलचित्र में सहज रूप से नहीं उठाया गया है कि बर्गमैन के 'विर्जिन स्प्रिंग' में यह देखने को मिलता है।

(घ) सो क्लोज टु लाइफ (So Close to Life)

बर्गमैन की यह फिल्म मेटेरनिटी वार्ड (Meternity Ward) में तीन महिलाओं का अध्ययन है। पहली का गर्भपात हो जाता है जो शायद उसके तकलीफदेह दाम्पत्य जीवन का प्रतिफलन है। दूसरी का गर्भपात करना पड़ता है क्योंकि बच्चे की डिलिवरी (delivery) माँ को मार सकती थी - यह शायद पति-पत्नी के एक-दूसरे को अत्यधिक प्यार करने के कारण हो।

किन्तु तीसरी का बच्चा सही सलामत होता है (जो कि दिखाया नहीं जाता और उसे डिलिवरी के लिए अपनी माँ के घर जाते हुए बात कर फिल्म खत्म हो जाती है) शायद इसलिए कि बच्चा 'नाजायज' है।

(ङ) वाइल्ड स्ट्राबेरीज़ (Wild Stroberies)

चौबीस घंटे की स्वप्न-शृंखला का फिल्मी रूपान्तर है 'वाइल्ड स्ट्राबेरीज़'। इस फिल्म में वयोवृद्ध डॉक्टर इसाक बोर्ग की आत्मकथा चित्रित है। इसाक लूंद विश्वविद्यालय में अपनी जुबीली डॉक्टरेट लेने जाने वाला है। सफर की पूर्व रात्रि में वह एक स्वप्न देखता है। एक वीरान नगर के फुटपाथ पर इसाक काले कपड़े पहने हुए एक 'आदमी' से टकराता है। वह आदमी एक लाश है। हाथ लगते ही वह गिर पड़ती है। सड़क पर काला खून बहने लगता है। उसी क्षण काले घोड़े द्वारा खींची गई एक काली बग्घी दौड़ती हुई आती है। सड़क के किनारे एक बुझा हुआ लैंप-पोस्ट है। गाड़ी का पहिया लैंप-पोस्ट से दो-तीन बार टकराता है और खड़खड़ाकर टूटता हुआ इसाक के नज़दीक लुढ़क जाता है। बग्घी सड़क के बीच खिसक जाती है और उसमें से एक काली पेटी बाहर खिसक आती है। पेटी का ढक्कन थोड़ा-सा खुलता है जहाँ से एक हाथ हिलता है। इसाक उसके समीप जाता है। वह उस हाथ को पकड़कर खींचता है। लेकिन वह हाथ तो इसाक को ही अपनी ओर खींचने लगता है। इसाक का चेहरा पेटी के भीतर की ओर झुकता है। अन्दर जो व्यक्ति दिखाई देता है उसका चेहरा इसाक का ही है। यह बर्गमैन की सूझ-बूझ से बना एक अद्भुत स्वप्न-सीक्वेंस है। समूची दृश्यावली दर्शक को इसाक में मौत के सन्निकट पहुँचने से उत्पन्न दहशत का आभास दे देती है।

इगमेर बर्गमैन ने इसाक के चरित्रांकन के द्वारा फिल्म के दार्शनिक मर्म को दर्शाया है ज़िन्दगी महज एक दार्शनिक बने रहने के लिए अथवा एक हल्की-उथली व्याख्या को समर्पित कर देनेवाली चीज़ नहीं है।

सिनेमा में अभिनय अक्सर कहानी और नज़ारे के पीछे रहता है। कुछ फिल्मकारों ने रंगमंच के विकसित रूप का सिनेमा में भी प्रयोग किया है। बर्गमैन की फिल्मों में रंगमंच का प्रभाव सर्वाधिक सफलता से किया गया बताया जाता है। कहते हैं कि बर्गमैन के बगैर आधुनिक सिनेमा की कल्पना नहीं की जा सकती। बर्गमैन ने वास्तव में फिल्म को अभिनेता का सिनेमा बनाया है। वे कैमरे को उस जगह चिपका देते हैं, जहाँ अभिनेता अपनी कला दिखाता है। बर्गमैन क्लोज़ अप (close up) और लांग शाट (long shot) का सही उपयोग किसी अभिनेता का पूरा शरीर अथवा केवल मुखड़ा दिखाने के लिए बड़े सलीके से

करते हैं। उनकी मान्यता है कि जो बारीकी से देखे जाते हैं, वे 'लोंग' होते हैं। बर्गमैन का सिनेमा लोगों पर और अभिनय की कला पर आधारित सिनेमा बताया जाता है।

1982 में अपनी अंतिम फिल्म 'फैनी ऐंड अलैक्जेंडर' में बर्गमैन ने अपनी अर्द्ध-आत्मकथा को फिल्माते हुए अपनी सम्पूर्ण सिनेमा की समझ का जैसे निचोड़ दर्शकों के सामने रख दिया।

एक ईमानदार कलाकार के रूप में बर्गमैन की आत्मस्वीकृति गौर करने लायक है। शायद इस कटु आत्मस्वीकृति में 'बुद्धि का निराशावाद' है। लेकिन बर्गमैन की फिल्मों में 'संकल्प का आशावाद' रह-रहकर झाँकता रहता है। इसलिए वे प्रासंगिक हैं। बर्गमैन की अन्य फिल्में हैं- 'क्राइसिस' (Cricis), 'इट रेइन्स ऑन अवर लव' (It Rains on Our Love), 'थ्री स्ट्रेन्ज लॉव्स' (Three Strange Loves), 'इल्लिसिट इन्टरलूड' (Illicit interlude), 'सीक्रेट ऑफ वुमन' (Secret of Woman), 'दि नेकड नाइट' (The Naked Night), 'ए लेस्सन इन लॉव' (A Lesson in Love), 'ड्रीम्स' (Dreams), 'विन्टर लाइट' (Winter Light), 'दि मेजीशियन' (The Magician), 'साइलन्स' (Silence) आदि।

4. फ्रान्स्वा त्रूफो

फ्रान्स की नई धारा के चलचित्रों में चोटी के निर्देशक हैं त्रूफो। वे मनुष्य को उसके इतिहास के सन्दर्भ में देखते हैं। उन्हें रोमानी भी बताया जाता है।

'दि 400 ब्लोस' (The 400 Blos) नामक चलचित्र से ही त्रूफो ने फिल्म-जगत में पदार्पण किया। अपने ही बचपन का चित्रीकरण इस फिल्म में उन्होंने किया है। कान्स (फ्रान्स) चलचित्रोत्सव में सर्वश्रेष्ठ निर्देशक का पुरस्कार इस फिल्म के लिए त्रूफो को मिला।

जूल्स और जिम

त्रूफो की यह फिल्म एक उपन्यास पर आधारित है। रोशें का यह उपन्यास एक त्रिकोण-प्रेम कथा है। जूलस एक अस्ट्रियावासी यहूदी लेखक है और उसका मित्र जिम एक पेरिसवासी पत्रकार है। जूलस का एक प्रशियन लड़की काते से विवाह होता है। काते का जिम के साथ प्रेम-सम्बन्ध होता है। अन्त होता है काते और जिम की मृत्यु में।

त्रूफो ने अपनी फिल्म के लिए रोशे के उपन्यास को निचोड़कर संक्षिप्त किया। उपन्यास में नायिका के दो बच्चे हैं। त्रूफो ने उन दो बाल चरित्रों को जोड़-निचोडकर

एक बच्ची के चरित्र में ढाल दिया है।

त्रूफो की विशेषता यह मानी गयी है कि वे फिल्म को संपादन, शैली-परिवर्तन की तकनीकों और चाक्षुस शैली में घुमाव-फिराव के द्वारा प्रबलित करते हैं। एक दृश्य क्रम से दूसरे दृश्य क्रम में ले जाने के लिए पलक-झपका देते हैं।

जब जिम और काते का प्यार मज़े से चलता है, तब कैमरा की ओर दौड़ता है, जब प्यार गड़बड़ जाता है तब कैमरा पीछे की ओर चलता है।

'डे फोर नाइट' (Day for Night) फिल्म निर्माण की पृष्ठभूमि पर बनी फिल्म है। इसमें त्रूफो ने एक निर्देशक की भूमिका की है। 'दि स्टोरी ऑफ अडले एच' (The Story of Adale H) में एक मासूम औरत की ज़िन्दगी पर त्रूफो प्रकाश डालते हैं। यह फिल्म विक्टर यूगो की बेटी अडले की डायरी पर आधारित है।

त्रूफो अपने दर्शकों का सम्मान और उनसे स्नेह करने वाले बताये जाते हैं। वे उन्हें अपने मज़ाकों, विडम्बनाओं, उत्साहों, उम्मीदों और यादों में ले जाने वाले कलाकार माने जाते हैं।

त्रूफो की अन्य फिल्में हैं - 'शूट दि पियानिस्ट' (Shoot the Pianist), 'दि ब्राइड वोरब्लाक' (The Bride Voreblock), 'दि मैन हु लव्ड विमन' (The Man Who Loved Women), 'स्टोलन किस्सस' (The Stolen Kisses), 'बेड एण्ड बोर्ड' (Bed and Board), 'टु इंग्लिश गर्ल्स' (Two English Girls) आदि।

5. माइकिल एंजलो अन्तोनियोनी

इटली की नई धारा के निर्देशकों में माइकल एंजिलो अन्तोनियोनी का नाम उल्लेखनीय है। उनकी खूबी यह बतायी जाती है कि उन्होंने 'कला' में कुछ भी ढील दिये बिना लोकप्रियता हासिल की है। वे मनुष्य को एकदम समसामयिक सन्दर्भ में देखने वाले कहे जाते हैं। उनकी बराबरी पर एक ही सिनेकार रखे जा सकते हैं और वे हैं इंगमेर बर्गमैन।

अन्तोनियोनी के बारे में कहा जाता है कि वे अन्तर्मुखी, अतिसजग और अति आत्मानुशासित हैं।

(क) ब्लो अप (Blow Up)

अन्तोनियोनी की 'ब्लो अप' कुछ ऐसी फिल्मों में से है जो सिर्फ देखी नहीं जा

सकता उन पर चिन्तन करना होता है। कुछ आलोचक उसे मीडिया पर, कुछ उसे किशोर संस्कृति पर और कुछ उसे तकनीकी संस्कृति (Technological Culture) पर बनी फिल्म बताते हैं।

'ब्लो अप' अर्जेंटीनियावासी कोर्तजार की कहानी पर आधारित है। कहानी का नाम है 'दि डेविल्स स्पिटल'। 'ब्लो अप' के लिए अंतोनियोनी ने कोर्तजार की कथा को नये ढंग से रूपांतरित किया है।

'पटकथा' का नायक एक फोटोग्राफर है। घूमते-फिरते वह एक चित्र खींचता है। एक इत्तफाक है कि चित्र में एक हत्या होने का सन्देह होता है। वह निगटेव (Negative) को ब्लो अप करता है। उसका सन्देह बढ़ता है। उसी जगह जाता है। लाश दिखाई देती है। स्टुडियो लौटता है। वह चित्र चोरी हो गया है। अपना अनुभव दोस्तों को बताना चाहता है। किसी को फुर्सत नहीं है। फिर वहीं जाता है। लाश गायब है। वह लौटता है तो रास्ते के किनारे टेनिस-कोर्ट पर टेनिस के खेल का 'माइम' हो रहा होता है। खिलाड़ियों की 'गेंद' उछलकर नायक के पैरों तक 'आती' है। वह उन्हीं की तरफ 'लौटाता' है। वह खेल देखता जाता है और 'अस्तित्वहीन' टेनिस-बॉल के टप्पों की आवाज़ें सुनता है। वह घास पर अकेला खडा है और फोकस में कुछ दूर होता है। तभी निर्देशक उसे दृष्टिगत से मिटा देता है। कैमरा अब सिर्फ हरी घास पर चलता है और फिल्म समाप्त हो जाती है।

गेंद क्यों दिखाई नहीं देती? जिस चीज़ के लिए नायक दौड़ा था- लाश- वह भी गायब थी। किन्तु उस क्षण तक उसका 'होना' नायक के दिमाग में था। उस 'सत्य' के उभार के लिए टेनिस बॉल की आवाज़ें हैं। किन्तु नायक ने उस बीते क्षण को, जो वापस नहीं आ सकता, वर्तमान में बसाना चाहा, इसलिए वह खुद भी वर्तमान क्षण में नहीं है। इसलिए उसकी भी ज़रूरत नहीं। अतः अन्तोनियोनी ने उसे दृष्टिगत से मिटा दिया।

(घ) क्रोनाका अन अमोवा

अन्तोनियोनी की इस फिल्म में एक पति (फोंटाना) अपनी जवान पत्नी (पौलो) की शादी के पूर्व के जीवन के बारे में गुप्त रूप से तहकीकात करता है। उसे पता लगता है कि पत्नी को जीडो नामक व्यक्ति से नाजायज सम्बन्ध था। जीडो की भावी वधू की मृत्यु एक दुर्घटना में हुई थी। पौलो अपने पति की हत्या करने के लिए जीडो से अनुरोध करती है। जीडो उसके लिए तैयार नहीं होता। पौलो की ज़िद्द के कारण विवश होकर वह सड़क पर इंतज़ार करता है। कार दुर्घटना में फोंटाना की मृत्यु होती है। क्या वह हत्या है? या आत्महत्या? या सिर्फ दुर्घटना? कोई नहीं जानता। उसके बाद जीडो और पौलो दोनों अलग होते है।

तीन पात्रों के मानसिक उथल-पुथल को अन्तोनियोनी ने कैमरे मे कैद किया हैं। अन्तोनियोनी की अन्य फिल्में हैं- 'ऐविन्टी', 'लासिंज्चोटा सेनसकामेली', 'ले अमीचे', 'इलग्रिडो', 'एलअंवटूरा', 'ला नोटे', 'एक्लपिस', 'इलडसरटोरोस्सा' आदि।

6. चार्ली चैप्लिन

ढीली पतलून, लम्बे जूते, हैट और लचीली छड़ी के साथ एक जग प्रसिद्ध स्वांग को रचने वाले 'विश्वसिनेमा के नन्हें आवारा'- यह हैं 16 अप्रैल, 1889 को लंदन में जन्मे और हॉलीवुड जाकर प्रसिद्ध हुए चार्ली चैप्लिन।

मुसीबतों और दुखों से परिपूर्ण अपने बचपन और किशोरावस्था की दास्तान का बेहद मार्मिक वर्णन चार्ल्स स्पैसर चैप्लिन (यही उनका पूरा नाम था) ने अपनी आत्मकथा 'माई ओटोबायोग्राफी' में किया है, जो उन्हें सच्चे अर्थों में 'गुदड़ी का लाल' साबित करती है।

स्टेज और संगीत से माता-पिता की प्रतिबद्धता का चैप्लिन पर बचपन से ही खास प्रभाव था। कालांतर में बतौर हास्य कलाकार श्री फ्रेड कार्नों की नाट्य संस्था में शामिल होने के बाद 1910 में संस्था के साथ अमेरिका के दौरे पर विभिन्न नाट्य प्रस्तुतियों में चैप्लिन की कुशल भावाभिव्यक्ति ने मैक सैनेट नामक फिल्मकार को इस कदर दीवाना बना दिया कि चैप्लिन की नाटक कम्पनी से तिगुनी तनख्वाह की शर्त को सहर्ष स्वीकारते हुए उन्हें अपनी फिल्म निर्माण संस्था 'की स्टोन कम्पनी' के लिए अनुबन्धित कर लिया। वह मूक फिल्मों का ज़माना था।

अपनी पहली फिल्म 'मेकिंग ए लिविंग' में ही चैप्लिन ने उम्दा अदाकारी की छाप छोड़ी। अगली फिल्म 'किड आटो रेसस एट वेनिस' में उन्होंने ढीली पतलून, बड़े जूते, लचीली छड़ी और टोप के साथ बहुचर्चित 'ट्रैंप' इमेज धारण की जो 'मार्डन टाइम्स' (1936) तक जारी रही। फिल्मों में पदार्पण की सालगिरह के पूर्व ही चैप्लिन ने निर्देशन और लेखन के क्षेत्रों में भी कामयाबी के साथ प्रवेश किया।

'की स्टोन' की पैंतीस लघु फिल्मों में काम करने के

बाद चैप्लिन ने 1915 में बारह सौ पचास डालर प्रति सप्ताह के पारिश्रमिक पर 'ऐसने कम्पनी' का आफर स्वीकार कर लिया। ऐसने के बैनर तले उन्होंने लगभग पन्द्रह फिल्मों में काम किया ; जिनमें 'दि ट्राप' तथा 'दि वुमन' काफी हिट हुई। अब वे एक स्टार के रूप में स्थापित हो चुके थे।

1923 में 'फर्स्ट नेशनल' का एग्रीमेंट पूरा होने तक चैप्लिन की मनःस्थिति और आर्थिक सम्पन्नता उस मुकाम पर पहुँच चुकी थी, जहाँ उन्हें किसी अनुबन्ध में बँधकर रहना गवारा न था। स्वतंत्र रूप से निर्माण-निर्देशन के खुले आकाश सी विस्तीर्णता उस महान फिल्मी हस्ती के सामने थी। पहली फिल्म उन्होंने बनाई- 'ए वुमन ऑफ पेरिस' (A Woman of Paris) 1925 की ताज़ा पेशकश 'द गोल्ड रश' (The Gold Rush) ने तो चैप्लिन को गजब का सम्बल प्रदान किया। उनके जीवन की तमाम उपलब्धियों, कृतियों के परिप्रेक्ष्य में इस सर्वाधिक महत्त्वपूर्ण, बहुचर्चित मूक फिल्म में सोद्देश्यता, मनोरंजन और मानवीय संवेदनाओं के बीच गहरा तादात्म्य स्थापित किया गया है। खुद चैप्लिन ने 'द गोल्ड रश' को अपने जीवन की सबसे उत्कृष्ट फिल्म स्वीकारा है।

(क) द पॉन शाप (The Pan Shop)

चैप्लिन की एक अद्भुत फिल्म है 'द पॉन शाप'। सामान गिरवी रखने की दुकान पर चैप्लिन एक आवारा नौकर है। अपने एक सहयोगी से वह बराबर उलझता, लड़ता, पिटता, उसे मारता रहता है। आवारा सफाई करता है तो धूल उसके साथी की आँखों में जाती है। उसका झाड़ू गलती से चलते हुए पंखे में फँस जाता है तो कमरे में तिनकों की आँधी-सी चल पड़ती है। दोनों तरह-तरह से और मज़ेदार ढंग से लड़ते-झगड़ते रहते हैं। अन्त में एक चोर भी उस दुकान में घुस जाता है। आवारा उस चोर को पकड़वाने में मदद करके मालिक को खुश कर देता है।

इस फिल्म का एक अविस्मरणीय प्रसंग है एक दुखी ग्राहक दूकान में आता है। उसके पास एक अलार्म (alarm) घड़ी है। आवारा नायक एक डॉक्टर बन जाता है। एक डॉक्टर की तरह वह घड़ी की जाँच शुरू करता है। घडी की जबरदस्त जाँच होती है। कभी वह दाँतों का डॉक्टर नज़र आता है तो कभी किसी पुर्जे को ऐसा देखता है जैसे एक जौहरी किसी हीरें को परख रहा है। जाहिर है कि घड़ी का एक-एक हिस्सा अलग होकर रहेगा और दुखी ग्राहक का दुख बढ़ेगी लेकिन मार-पीट के दिलचस्प प्रसंगों में चैप्लिन ने घड़ी की जाँच का एक अलग तरह का प्रसंग रचकर अपनी कल्पनाशक्ति और कौशल का अच्छा परिचय दिया है।

(ख) वन ए एम (1 a.m - रात के एक बजे)

यह चैप्लिन की एक क्लासिक फिल्म है। इसका नायक एक अमीर आदमी है। वह नशे में धुत्त आधी रात को अपने घर वापस आता है। लगभग पूरी फिल्म में एक ही सेट है और एक अकेला पियक्कड़ अपने शानदार पलंग पर एक शानदार नींद की तलाश कर रहा है। नायक पार्टी की पोशाक में है। सिल्क की हैट रखी है। जेब में चमचमाती घड़ी है। पियक्कड़, घर की चाभी तो खैर क्या खोज पायेगा। वह खिड़की से प्रवेश करता है। इस प्रवेश की भगदड़ में उसे चाभी मिल जाती है, वह वापस बाहर आता है और एक शानदार आदमी की तरह घर में घुसता है बाकायदा दरवाज़ा खोल के। और अब उसके असली 'एडवेंचर' शुरु होते हैं। घर खूब सज़ा और भरा हुआ है। पियक्कड़ चीज़ों से टकराता-उलझता किसी तरह अपने पलंग तक पहुँचता है। अब उसका सामना अपने पलंग से होता है। कभी वह पलंग के नीचे दबता है तो कभी पलंग पर लेटने की हास्यास्पद कोशिश करता है। पूरी फिल्म में एक अकेले आदमी के सुख-दुख हैं- अद्‌भुत शैली में।

'दि फ्लोरवाक', 'दि एडवेंचर', 'दि किड', 'दि सर्कस', 'सिटी लाइफ', 'माडर्न टाइम्स', 'दि ग्रेट डिक्टेक्टर', 'मस्स्यू वरडाक्स', 'लाइम लाइट', 'ए किंग इन न्यूयॉर्क' आदि फिल्मों में उन्होंने अपनी बेमिसाल अभिनय-दक्षता सृजनात्मकता का इज़हार किया। दर्शन भी उन्हें सराहते नहीं थकते। 1967 में अपनी आखिरी फिल्म 'ए काउंटेस फ्राम हांगकांग' में वे ख्यातिनाम सोफिया लारेन और मार्लन ब्रांडो के साथ नज़र आये थे।

चैप्लिन के सिनेमा की सार्विकता और उसका कालातीत स्वरूप उन्हें हमेशा प्रासंगिक बनाये रखता है। चैप्लिन विश्व के अकेले फिल्मकार हैं जिनकी फिल्में पाँच साल की उम्र से शुरू होकर बुढ़ापे तक की उम्र में देखी जा सकती है। चलचित्र में मसखरी अदाओं के प्रणेता फ्रांस के विख्यात कामेडियन मैक्स लिंडर, चैप्लिन के आदर्श थे। यह कहना सही है कि मैक्स लिंडर द्वारा सिनेमा के आँगन में लगाये कामेडी के नन्हें पौधे को चैप्लिन ने पूर्ण निष्ठा और लगन से सींच कर उसे परिपक्वता प्रदान की।

7. रोमेन पोलेंस्की

द्वितीय विश्वयुद्ध की समाप्ति पर, जब मानवता युद्ध के भयानक, वीभत्स और निराशा भरे परिणामों को सहन करने के लिए विवश हो गई, तब एक बार फिर मानव के शोषण, दमन, निराशा, क्षोभ, पीड़ा और सामाजिक कुंठाओं से भरे जीवन के मध्य से नव-यथार्थवादी समाज का एक ऐसा स्वरूप उभरा, जिसने सबसे पहले इटली, फ्रांस, पोलैंड, जापान, स्वीडन और कुछ बाद में भारत के कतिपय निर्देशकों का ध्यान अपनी

ओर खींचा और हालीवुड की रंगीन-दीवारों को तोड़कर नव-यथार्थवाद पर आधारित

ऐसे चलचित्र विश्व-चित्रपट पर उभारे कि समस्त विश्व के निर्देशक इटली से उठी इस लहर का लोहा मान गये। इस श्रेणी के विश्वप्रसिद्ध निर्देशक है रोमेन पोलेंस्की।

पोलेंस्की का जन्म फ्रांस में हुआ। अपने व्यक्तित्व के विकास के लिए उन्हें देश की सीमाओं को पार करना पड़ा। फिल्म निर्माण के लिए वे अमेरिका, ब्रिटेन और पोलेंड गये।

सिनेमा की विभिन्न उद्‌गम धाराओं में एक है चित्रकला। बचपन से ही पोलेंस्की चित्रकला पर आकृष्ट थे। 'ओडमेन आऊट' (निर्देशक- करोल रीड) 'हैमलेट' (निर्देशक- लारेन्स ओलीवर) आदि फिल्मों को देखने पर बालक पोलेंस्की के मन में निर्देशक बनने की इच्छा जागृत हुई।

पोलेंस्की की पहली लघु फिल्म थी 'टु मेन एण्ड वार्डरोब'। तब वह लाद फिल्म स्कूल का छात्र था। इस फिल्म को ब्रुसेल्स, सान्फ्रान्सिस्को, आबेरहूसन आदि की लघु फिल्म समारोहों में पुरस्कार मिला। 'वेन एंजल्स फाल', 'द फाट एण्ड द लीन' आदि उनकी प्रमुख डिप्लोमा फिल्में हैं।

'नाईफ इन द वाटर' (Knife in the Water) फिल्म से ही पोलेंस्की को विश्व-सिनेमा में अलग स्थान मिला। पोलेंड में निर्मित इस फिल्म में मुख्य रूप से तीन पात्र हैं-- एक युवती, उसका पति और एक गैर युवक। पात्रों के आत्म-संघर्ष की समन्वयता ही फिल्म की आत्मा होती है। यही है पोलेंस्कियन फिलोसफी। 'नाईफ इन द वाटर' इस सिद्धांत का उदाहरण है। एक बार पोलेंस्की ने अपनी सखी तथा दोस्त के साथ 'हॉलीडे ट्रिप' के लिए नाव पर सैर किया था। उसी मधुर यात्रा की अनुभूति के आधार पर उन्होंने इस फिल्म का निर्माण किया था।

पोलेंस्की की 'रिपल्शन', 'कल्देसक', 'डान्स ऑफ द वाम्पयेर्स' आदि फिल्मों का निर्माण ब्रिटेन में किया था। आल्फ्रड हिचकोफ, फ्रिट्सलांग जैसे निर्देशकों की भाँति पोलेंस्की भी हॉलिवुड की स्वप्न भूमि में पहुँची और अपनी 'रोस मेरिस बेबी' नामक हॉलिवुड फिल्म का निर्माण किया। इस फिल्म में भूत-प्रेत का वातावरण बनाने के लिए शूटिंग कमरे के अन्दर ही सीमित रखा।

ब्रिटेन में लौट आने पर पोलेंस्की ने शेक्सपियर के नाटक 'मैकबत' का फिल्मी रूपान्तरण किया। नंगापन और क्रूर हिंसा के चित्रण के कारण पोलेंस्की की 'मैकबत' का अलग स्थान है।

आने वाले सौभाग्य की प्रतीक्षा में रहने वाले एक मनुष्य को प्रतीक के रूप में 'कल दे सक' (Cul de Sac) में पोलेंस्की ने चित्रित किया। अमेरिका में जीने वाले चैनीस लोगों की संस्कृति ही 'चाइना टाउन' की कथावस्तु है। थामस हार्डी के उपन्यास पर बनी 'टेस' (Tess) को ऑस्कर पुरस्कार मिला था। फ्रांस की सड़ी संस्कृति का पर्दाफाश करनेवाली फिल्म 'द टेनन्ड' को फ्रांस के सरकार ने प्रदर्शन की अनुमति नहीं दी।

सीन 3

भारतीय सिनेमा के अग्रदूत

ल्यूमियर ब्रदर्स ने अपना पहला फिल्म प्रदर्शन पेरिस में दिसम्बर 1985 में किया था। उसके सात माह बाद 7 जुलाई 1896 को बम्बई की वॉट्सन होटल में सिनेमा उर्फ बायस्कोप का प्रदर्शन हुआ। दिखलाई जाने वाली फिल्मों के विषय तथा वस्तु आवश्यक रूप से विलायती होते थे। उन्होंने भारत के अग्रदूत फिल्म निर्माताओं की कल्पनाशक्ति को संस्कृत करना शुरू कर दिया। सन् 1902 के आसपास कलकत्ता में जे.एफ.मदन तथा बम्बई में अब्दुल अली युसूफ अली ने तम्बुओं में विलायती फिल्मों का प्रदर्शन शुरू कर दिया था। इन दोनों अग्रदूतों ने आगे चलकर सिनेमा वितरण का जो साम्राज्य स्थापित किया वह बर्मा तथा सिलोन तक फैला हुआ था।

1897 से 1912 के बीच भारत में निर्मित लगभग सभी फिल्मों का विषय सामयिक घटना थी। इनके अग्रदूत निर्माताओं में सावेदादा (एच.एस. भाटवडेकर) कलकत्ता के हीरालाल सेन, बम्बई के एफ.बी. थानेवाला, प्रो. स्टिवेंसन, एंडर्सन आदि का नाम उल्लेखनीय है।

सावे दादा

सावे दादा का पूरा नाम हरिश्चन्द्र सखाराम भाटवेडकर है। उन्होंने 1897 में सर्वप्रथम एक लघुचित्र निर्मित किया था। इस फिल्म में तत्कालीन दो प्रसिद्ध पहलवानों पुंडलिक दादा और कृष्ण नहाबी के मल्लयुद्ध के कतिपय दृश्यों को चित्रित किया गया था। इस फिल्म का प्रदर्शन 'गेयटी थियेटर' में किया गया। उनके द्वारा प्रसिद्ध गणितज्ञ परांजपे के स्वागत समारोह के फिल्मांकन को भारत का पहला वास्तविक समाचार चित्र कहा जा सकता है। सावे दादा ने ही आठवें एडवर्ड का राज्यारोहण समारोह भी फिल्माया था।

हीरालाल सेन

कलकत्ता में 1896 के अन्त में तथा मद्रास में उसके अगले वर्ष फिल्मों का प्रदर्शन प्रारम्भ हुआ। कलकत्ता में हीरालाल सेन ने क्लासिक थियेटर में खेले जाने वाले नाटकों को फिल्माना शुरू किया। बंगालवासी हीरालाल सेन को भारत का प्रथम चलचित्र निर्माता मानते हैं। उनके अनुसार हीरालाल सेन ने 1900 में तत्कालीन लोकप्रिय नृत्य-नाटक 'अलीबाबा' के कतिपय दृश्यों को चित्रित किया था, जिसमे नरेन्द्रनाथ दास और कुसुम कुमारी के नृत्यों को विशेष रूप से चित्रित किया गया था। पर इस कथन में कोई विश्वसनीय प्रामाणिकता नहीं है।

जमशेद जी फ्रामजी मदन

कलकत्ता के जे.एफ.मदन विदेशी फिल्मों का वितरण करते थे। वे कलकत्ता में एलफिंस्टन थियेट्रिकल कम्पनी चलाते थे। बाद में उन्होंने न्यू अल्फ्रेड थियेट्रिकल कम्पनी की स्थापना भी की। वहाँ मंच की दुनिया के सभी सितारे काम करते थे। ये सितारे मंच और सिनेमा दोनों में काम करते थे। विदेशी फिल्मों में दर्शकों की दिलचस्पी खत्म होने पर मदन ने अपने नाटकों को ही फिल्माना शुरू किया। देखा जाए तो 1912 के आते-आते पहले भारतीय कथाचित्र के निर्माण के लिए स्थितियाँ पक चुकी थीं।

रामचन्द्र गोपाल तोरणे

आर.जी. तोरणे का जन्म महाराष्ट्र में हुआ था। हाईस्कूल की शिक्षा के बाद आजीविका की खोज में वे बम्बई आ गये। थोड़ी खोजबीन के बाद, उन्होंने ग्रीवज़ कॉटन इलेक्ट्रिकल कम्पनी में लिपिक की नौकरी पा ली। इसी समय के आसपास स्थानीय बाज़र में भारतीयों के साथ-साथ विदेशी फिल्म-निर्माताओं द्वारा निर्मित लघु फिल्में आना आरम्भ हो गयी, जिनके तोरणे नियमित दर्शक थे। समय बीतते, उन्हें इस माध्यम की घुन सवार हो गयी। 1906-07 के आसपास रामराव बालकृष्ण कीर्तिकर एक नाटक कम्पनी चलाते थे। तोरणे इस दल के साथ निकट रूप से जुडे थे।

उसके नाटकों में से एक 'श्री पुंडलीक' था। तोरणे ने नाटक की लोकप्रियता को ध्यान में रखते हुए मंच-नाट्य को फिल्म में परिवर्तित करने का विचार किया। फिल्म में अभिनय के लिए व्यक्तियों का चयन आरम्भ किया। जो नाम सामने आये वे थे सर्वश्री कीर्तिकर (नाटक

के लेखक) जोशी, नानाभाई चित्रे, पी.आर. टपनीस एवं डी.डी.दाबके। सभी कलाकार केवल पुरुष थे, क्योंकि उन्हें उस समय कोई भी महिला कलाकार इस फिल्म में अभिनय हेतु नहीं मिल सकी। मूल नाटक से 'श्री' शब्द हटा दिया गया तथा सरल एवं संक्षिप्त 'पुंडलीक' रख लिया गया। तोरणे को अभिनय के अतिरिक्त निर्देशन का उत्तरदायित्व भी सौंपा गया।

कैमरामैन जॉनसन के समर्थ सहयोग से फिल्म की शूटिंग शीघ्र पूरी हो गयी। 18 मई, 1912 को कॉरोनेशन सिनेमा में 'पुंडलीक' का प्रथम प्रदर्शन हुआ।

तोरणे ने 1923 में अशोका फिल्म्स नाम से एक फिल्म-निर्माण-कम्पनी मणिलाल जोशी की भागीदारी में आरम्भ की और 'पृथ्वीवल्लभ' नाम से एक फिल्म आरम्भ कर दी जिसके द्वारा उन्होंने तीन नई प्रतिभाओं का परिचय कराया। ये तीनों सगी बहनें थीं और उनके नाम थे फातिमा, सुलताना और जुबैदा, जिन्होंने आठ वर्ष के बाद भारत की प्रथम सवाक् फिल्म 'आलम आरा' की नायिका होने का एक और गौरव प्राप्त किया। 'पृथ्वीवल्लभ' 1924 में जारी हो गयी। 1928 में तोरणे ने एक नया संस्थान 'फेमस पिक्चर्स', के नाम से आरम्भ किया।

तोरणे द्वारा निर्देशित अन्य फिल्में हैं-'सिन्दबाद जहाज़ी' (1930), 'दिलावर' (1931 - दोनों मूक), 'प्यारा दुश्मन' (1935) आदि।

1931 से 1942 की अवधि के मध्य तोरणे की कम्पनी ने 15 फिल्में बनायीं जिनमें से आठ' केवल मराठी में, तीन केवल उर्दू। हिन्दी में तथा शेष हिन्दी/मराठी दोनों भाषाओं में थीं।

दादा साहेब फालके

भारतीय वाणिज्य सिनेमा के पितामह धुंडीराज गोविंद फालके (डी.जी.फालके) का जन्म 30 अप्रैल 1870 को महाराष्ट्र में त्रियाम्बकेशर नामक स्थान पर हुआ था। उन्होंने अपने जीवन के आरम्भिक काल में ही चित्रकारी, फोटोग्राफी, रंगमंच और जादू जैसी कलाएँ सीख ली थीं।

सबसे पहले फालके ने एक छोटे-से चित्र का निर्माण किया, जिसमें एक पौधे के विकास का चित्रण था। इस लघु चित्र का नाम 'The Growth of a Plant' था, जो 50 फुट लम्बा था। इसके बाद उन्होंने सत्यवादी राजा हरिश्चन्द्र के जीवनवृत्त को चुनकर उस पर पूरी लम्बाई की फिल्म बनाना प्रारम्भ कर दिया। इस फिल्म में राजा हरिश्चन्द्र की भूमिका स्वयं उन्होंने की। परन्तु वह किसी महिला अभिनेत्री को भूमिका में नहीं ले पाए। एक तो उस समय पारसी रंगमंची परंपराओं के अनुरूप केवल पुरुष ही महिला वेशभूषा में महिला की भूमिका अदा करते थे, दूसरा उस समय कुलीन परिवारों की

युवतियों के रंचमंच पर आभनय करने पर सामाजिक प्रातबन्ध था। एक रेस्तरां में रसोइए के सहायक सालुंके नामक पुरुष ने तारामती की भूमिका अदा की और रोहिताश्व की भूमिका में स्वयं फालके के पुत्र भालचन्द्र अवतरित हुए। 3 मई 1913 को 'राजा हरिश्चन्द्र' मुम्बई के कोरोनेशन थियेटर में प्रदर्शित हुई।

'राजा हरिश्चन्द्र' की सफलता से प्रेरित होकर फालके ने अनेक फिल्मों के निर्माण में जुट गये। सन् 1917 तक उन्होंने 23 फिल्मों का निर्माण किया, जिनमें कुछ का नाम इस प्रकार है - 'मोहिनी भस्मासुर', 'सत्यवान सावित्री', 'कालिया मर्दन', 'कृष्ण जन्म', 'लंका दहन' आदि। उनकी आखिरी मूक फिल्म थी 'सेतु बन्धन' (1932), जिसमें उनको आर्देशिर ईरानी की 1931 में प्रदर्शित सवाक फिल्म 'आलम आरा' के बाद सवाक फिल्मों के चलन के कारण आवाज़ डालनी पड़ी थी।

6 फरवरी, 1944 को फालके का देहान्त हो गया। इनके ही सम्मान में भारत सरकार ने 1969 में, जो इनका जन्म शताब्दी वर्ष था, दादा साहेब फालके पुरस्कार की घोषणा की।

सीन 4

हिन्दी सिनेमा का उद्भव और विकास

भारत में 7 जुलाई 1896 को अर्थात अमेरिका में एडिसन द्वारा 23 अप्रैल 1896 को जनसमूह के सामने किये गये प्रथम चलचित्र प्रदर्शन के ठीक ढाई महीने बाद बम्बई में सबसे पहली बार चलचित्र प्रदर्शन हुआ, जिसका श्रेय फ्रेंच व्यवसाई ल्युमियरे को है। यह प्रदर्शन बम्बई के वाटसन्स होटल के एक हॉल में किया गया था। उस सुबह के 'टाइम्स आफ इंडिया' में सिनेमैटोग्राफी के आने की घोषणा मनोरंजन कार्यक्रम के स्तम्भ में की गई थी। विज्ञापनों में अलबत्ता उसे इस सदी का चमत्कार और विश्व का एक विस्मय की संज्ञा दी गई थी। लगभग दो सौ व्यक्ति विज्ञान के इस अभिनव आविष्कार के चमत्कार को देखने पहुँचे। प्रत्येक से दो रुपया शुल्क के रूप में लिया गया था। सबसे पहले सिनेमैटोग्राफी का प्रवेश दिखाया गया जो इस नये माध्यम का परिचय था। उसके बाद रेलगाड़ी का आना, समुद्र में स्नान, इमारत का गिराना, कारखाने से छूटते हुए मज़दूर और गाड़ी पर सवार महिलाएँ और सैनिक शीर्षक लघुचित्र दिखाये गये। चार दिन के बाद पुराने चित्र बदल दिये गये और उनकी जगह ल्युमियर भाइयों के विशाल भंडार में से नये चित्र दिखाये जाने लगे। इनके शीर्षक थे- 'बेबी का डिनर', 'पेरिस के बाज़ार में उत्सव', 'लन्दन के लोक-नर्तक', 'ड्राइवर', 'सूप प्लेट को उलटना' और 'ताश की बाजी'।

चलचित्र का उद्योग भारतीयों के लिए केवल कौतूहल और चमत्कार का ही विषय नहीं रह गया था, अपितु बहुत बड़े और सफल व्यवसाय के रूप में इसकी सम्भावनाएँ स्पष्ट हो गई थीं। अतः बहुत-से भारतीय भी इस क्षेत्र में कूद पड़े और उन्होंने इस उद्योग को अपने हाथों में लिया। 1900 में खुर्शेदजी बाटलीवाला ने बाहर से कुछ फिल्में खरीदकर मँगाई और उन्हें नावल्टी थियेटर में दिखाना प्रारम्भ किया। इसके पश्चात इस क्षेत्र में विशेष उल्लेखनीय नाम मणिक डी.सेट'ना का आता है, जिन्होंने 1904 में घूम-घूमकर फिल्म प्रदर्शन किया। इन्हीं फिल्मों में 'द लाइफ आफ क्राइस्ट' नामक वह लघुचित्र भी था, जिसने आगे चलकर भारतीय वाणिज्य फिल्मों के जन्मदाता

दादा फाल्के को फिल्म निर्माण की प्रेरणा दी।

जो फिल्में भारत में प्रदर्शित होती थीं, वे विदेश से बनकर आती थी। सिनेमा की लोकप्रियता और बढ़ते हुए प्रभाव ने भारतीयों को स्वयं फिल्म निर्माण की आवश्यकता अनुभव करायी। अतः बहुत-से लोग इस क्षेत्र में कार्य करने लगे पड़े। इनमें सबसे पहला नाम हरिश्चन्द्र भाटवडेकर का है, जो सावे दादा के नाम से विख्यात थे। वह फोटोग्राफर और फोटोग्राफी के उपकरणों के विक्रेता थे। उन्होंने इंग्लैंड से एक रिले कैमरा आयात किया। उसके बाद उन्होंने हैगिंग गार्डन में दो नामी पहलवानों की कुश्ती करायी और उसे फिल्माया। उन्हें इस बात का ज़रा भी ज्ञान नहीं था कि डिब्बे में खालिस भारतीय 'फूटेज' बन्द करके उन्होंने इतिहास बनाया था। इसके बाद उन्होंने बन्दरों के प्रशिक्षण पर फिल्म बनाई। इन दोनों विषयों का हवाला 1899 के नवम्बर-दिसम्बर के अंग्रेज़ी और गुजराती अखबारों के विज्ञापनों में देखा जा सकता है। उस शताब्दी के अन्तिम वर्ष के अंतिम मास में प्रथम स्वदेशी फिल्म बनाने का श्रेय सावे दादा प्राप्त कर चुके।

1900 में एक और भारतीय ने प्रदर्शन से निर्माण में कदम रखा। वह थे एफ.वी. थानावाला, जिनकी फिल्म 'स्प्लैंडिड न्यू व्यूज़ आफ बाम्बे' में नगर के प्रमुख स्थान दिखाये गये थे। भारत में 1912 तक फिल्मों का क्षेत्र लघु और यथार्थ घटनाओं तक सीमित लम्बी थी। लेकिन उनकी लम्बाई बहुत कम थी। इनमें सबसे लम्बी फिल्म 3000 फुट की थी। 1911 में रायल आपेरा का एक विशालकाय मिलाजुला कार्यक्रम 8000 फुट पर पहुँच चुका था।

इस तरह भारतीय दर्शक लगभग एक घंटे तक की कथा-प्रधान फिल्म को देखने के आदी हो चुके थे। वे भारतीय पात्रों और पृष्ठभूमि पर आधारित फिल्म की प्रतीक्षा में थे।

कुछ लोग दादा फाल्के को भारतीय सिनेमा का जनक और उनकी फिल्म 'राजा हरिश्चन्द्र' को भारत की पहली फिल्म मानते हैं। परन्तु कुछ और लोगों ने भी भारत की पहली फिल्म का निर्माण करने का दावा किया है, जिनमें बम्बई के हरिश्चन्द्र सखाराम तथा आर.जी. तोरणे और कलकत्ता के हीरालाल सेन एवं ज्योतिष सरकार प्रमुख है। इन कलाकारों में तोरणे का दावा सत्य है, इसका उपयुक्त और प्रामाणिक सामग्री लभ्य है। फाल्के की पहली रूपक फिल्म 'राजा हरिश्चन्द्र' 13 अप्रैल 1913 को बम्बई के कोरोनेशन थियेटर में प्रदर्शित हुई। लेकिन आर.जी.तोरणे की रूपक फिल्म 'पुंडलीक' बम्बई के सैंडहर्स्ट रोड पर स्थित कारोनेशन सिनेमैटोग्राफ में 18 मई 1912 को रिलीज़ किया।

महाराष्ट्र के प्रख्यात सन्त की कथा पर आधारित यह फिल्म एक विदेशी फिल्म 'ए डेड मैन्स चाइल्ड' के साथ-साथ दिखाई गई थी। उस समय कोई सेन्सर बोर्ड नहीं

था, अतः इसे जारी करने में कोई समस्या नहीं थी। फिल्म का प्रचार मुख्य रूप से समाचार पत्रों तथा पर्चों के द्वारा किया गया था। चूँकि यह कथाचित्र के प्रारूप में, पारम्परिक पुराणों से एक घटना की पूरी कहानी लेकर चित्रीकरण का एकदम पहला प्रयास था, जनता ने भी इसका स्वागत किया तथा यह एक छविगृह में लगातार दो सप्ताह तक चलती रही जो कि उन दिनों एक अत्यन्त दुर्लभ घटना थी। दूसरे सप्ताह में, यानी 24 मई 1912 को फिल्म की समीक्षा करते हुए 'टाइम्स आफ इंडिया' ने लिखा- 'पुंडलीक में ध्यान खींच लेने की शक्ति है। एक धार्मिक नाट्य के रूप में, इसमें कुछ समानताएँ हैं।' प्रसिद्ध मराठी लेखक एवं साहित्यकार मामा बरेरकर एक बार इस फिल्म के सम्बन्ध में बोल रहे थे- 'इसमें कोई सन्देह नहीं कि लोग फिल्म (पुंडलीक) देखने छविगृह पर टूट पडे थे। यद्यपि इस प्रथम प्रयास को उनमें से कई ने अवश्य ही पसन्द नहीं किया अथवा दर्शकों में से किसी ने भी फिल्म-निर्माण व्यवसाय में आने का मन नहीं बनाया। यह अन्य शहरों में नहीं दिखाई गई। परिणाम स्वरूप भारत में कथा-फिल्म निर्माण का यह संवाहक प्रयास भुला दिया गया है।'

डी.जी. फाल्के (घुंडीराज गोविंद फाल्के) की फिल्म 'राजा हरिश्चन्द्र' 3 मई, 1913 को रिलीज़ हुईं। इसके साथ ही भारतीय रूपक चित्र पूर्ण रूप से अस्तित्व में आया और उस फिल्म उद्योग का शिलान्यास हुआ जो विश्व के दो सबसे बड़ों में एक गिना जाने लगा है। पहले दिन उसकी घोषणा इस प्रकार हुई थी- 'भारतीय पौराणिक गाथाओं में से पूर्णतः शिक्षाप्रद विषय, भारतीय निर्माण, भारी लागत और विशेषता से तैयार की गई... पवित्र नगरी बनारस के सच्चे दृश्य हमारे हिन्दू दर्शकों को निश्चय ही पसन्द आयेगी।' और यह सचमुच सभी तरह के दर्शकों को पसन्द आयीं जो उसकी जबरदस्त सफलता से जाहिर हो जाता है। इस फिल्म में राजा हरिश्चन्द्र की भूमिका स्वयं फाल्के ने की, तारामती की भूमिका महिला पात्र के अभाव में ए.सालुन्के (A.Salunke) नामक पुरुष को करनी पड़ी और रोहिताश्व की भूमिका में स्वयं फाल्के के पुत्र भालचन्द्र अवतरित हुए। 'राजा हरिश्चन्द्र' की सफलता से प्रेरित होकर फाल्के अनेक फिल्मों के निर्माण में जुट गये। 1917 तक उन्होंने 23 फिल्मों का निर्माण किया, जिनमें कुछ का नाम इस प्रकार है- 'भस्मासुर मोहिनी', 'सावित्री', 'कृष्णजन्म', 'कालिया मर्दन', 'लंकादहन'। इनमें 'कालिय मर्दन' में उनकी पुत्री मृणालिनी ने कृष्ण की भूमिका थी और अपने अभिनय द्वारा सबकी प्रशंसा प्राप्त की थी। 'लंका दहन' के बारे में कहा जाता है कि यह मद्रास में इतनी लोकप्रिय फिल्म हुई कि प्रतिदिन की आय बैलगाड़ी में भरकर ले जायी जाती थी।

मूक सिनेमा के दौर में कई महत्त्वपूर्ण फिल्मकार हमारे सामने आते हैं; जिन्होंने फिल्मों को एक नई ऊँचाई दी और उन्हें आगे बढ़ाया। इनमें महत्त्वपूर्ण हैं- जमदेशजी

मदन, धीरेन्द्रनाथ गांगुली, बावुराव पेंटर, द्वारका दास एन.सम्पत, आर्देशिर एम.इरानी, भोगीलाल एम.के.दवे, चंदुलाल जी शाह आदि।

मूक फिल्मों का यह दौर करीब अठारह वर्षों तक चला। मूक फिल्मों की एकरसता से लोग ऊबने लगे थे। पश्चिमी देशों में दर्शकों की घटती संख्या के कारण सिनेमा हॉल बन्द होने लगे। 1927 में वार्नर बन्धुओं ने दुनिया की पहली सवाक (talky) फिल्म 'द जाज सिंगर' बना डाली।

14 मार्च 1931 को मैजस्टिक सिनेमा में भारत की पहली पूरी लम्बाई की बोलती फिल्म 'आलम आरा' प्रदर्शित हुई। हिन्दी चित्रपट का यही पहली सवाक फिल्म है, जिसका निर्माण-निर्देशन बम्बई की इंपीरियल कम्पनी के अन्तर्गत आर्देशिर ईरानी ने किया था। भारतीय फिल्मों के इतिहास में 'आलम आरा' का निर्माण निस्सन्देह एक महत्त्वपूर्ण घटना है। इसके प्रदर्शन ने मूक-फिल्मों की लोकप्रियता छीन ली और शनैः शनैः उनका बनना बन्द हो गया। 'आलम आरा' की भाषा उसके निर्देशक के अनुसार 'नो खास उर्दू, नो खास हिन्दी, मिली जुली थी'। ऐसी ही खिचड़ी भाषा पारसी थियेट्रिकल कम्पनियों के रंगमंच पर प्रदर्शित किये जाने वाले नाटकों की हुआ करती थी। पूरी बोलती, गाती, नाचती फिल्म होने का इसका दावा था और यह एकदम हिट हुई। पहले दिन सुबह से ही नये युग के जन्म का स्वागत करने के लिए थियेटर पर भारी भीड़ लग गयी थी। भीड़ पर नियंत्रण रखने में पुलिस को बड़ी कठिनाई का सामना करना पड़ा और टिकट की कीमत जो पहले ही दुनी की जा चुकी थी, उसकी डटकर कालाबाज़ारी हुई। यह एक सज्जा-प्रधान (कास्ट्यूम फिल्म) थी। अद्वितीय नाटककार जोसेफ डेविड की लिखी यह फिल्म एक नाटक पर आधारित थी। इसका नाम हीरोइन के नाम था, जिसकी भूमिका जुबैदा ने की थी। मास्टर विट्ठल इस फिल्म के नायक थे जो अपनी आवाज़ के कारण बोलती फिल्मों में असफल रहे। उनकी भूमिका एक लगभग मूक शहज़ादे की थी। पृथ्वीराज कपूर ने लड़की के बाप की, जिल्लो ने महाराणी की, एलीज़र ने बादशाह की और डब्ल्यू.एम. खान ने फकीर की भूमिका की थी, जिन्होंने भारतीय फिल्मों का सबसे पहला गाना भी गाया था- 'दे दे खुदा के नाम प्यारे...।' गाने सीधे रंगमंच से किये गये थे और फिरोजशाह मिस्त्री और बी.ईरानी का तैयार किया कुछ साज-संगीत उसके साथ जोड दिया गया था।

'आलम आरा' के बाद जब बोलती फिल्मों ने अपनी पहचान बनाने शुरु की, तो बंगला, मराठी आदि की भाषा-संस्कृति ने भी हिन्दी सिनेमा को सम्पन्न किया। इस तरह शुरू से ही हिन्द्री सिनेमा, हिन्दी भाषा-संस्कृति के क्षेत्र का सिनेमा नहीं था। उसे हिन्दुस्तानी सिनेमा भी कहा जा सकता है। लेकिन बाद में फिल्म इतिहास में उर्दू का जमकर इस्तेमाल करने वाली फिल्मों को भी हिन्दी फिल्में ही कहा गया।

कृष्णाटोन की हिन्दी फिल्म 'घर की लक्ष्मी' को बम्बई में लगने वाली दूसरी बोलती फिल्म का सेहरा बँधा। लेकिन सचमुच की बड़ी फिल्म का आना मई के अन्त में हुआ और यह थी मादन थियेटर की 'शीरी फरहाद'। पहले वाली दोनों फिल्मों के मुकाबले में इसकी ध्वनि-रिकार्डिंग लाजवाब, सत्रह गाने, जहाँ आरा कज्जन की सुरीली आवाज़ और मास्टर निसार के साथ प्रमुख भूमिका की अदायगी इसके विशेष आकर्षण थे। कुछ निर्माताओं ने तैयार या अधूरी अपनी मूक फिल्मों में आवाज़ भरकर टॉकी की दौड में बराबरी पर आने की कोशिश की। दादा फाल्के ने अपने 'सेतुबन्धन' पर यह तरीका अपनाया। इम्पीरियल की दूसरी टॉकी थी 'दौलत का नशा', जिसमें अचानक धनवान बन जाने की बुराइयाँ दिखाई गई थी। मादन थियेटर्स संगीत प्रधान फिल्मों की परम्परा पर डटे रहे- 'लैला मजनू' में बाईस गाने थे और शकुन्तला में इकतालीस। 1932 में दो महान संस्थाओं का जन्म हुआ। एक थी कोल्हापुर की प्रभात फिल्म कम्पनी, जिसने हिन्दी और मराठी में 'अयोध्या के राजा' के साथ टॉकी में प्रवेश किया। दूसरी कम्पनी थी न्यू थियेटर्स लिमिटेड, जिसे कलकत्ते में बी.एन.सरकार ने कायम किया था। उसकी पहली बोलती फिल्म थी 'मुहब्बत के आँसू'। मुस्लिम पृष्ठभूमि पर आधारित इस प्रेम कहानी में कुमारी अख्तरी और कम्पनी की सबसे बड़ी भेंट सहगल कश्मीरी ने काम किया था, जो बाद में अमर गायक कुन्दनलाल सहगल के नाम से प्रख्यात हुए। पूरी की पूरी पद्य में बनी फिल्म 'इंद्रसभा' में इकहतर गाने थे। रणजीत के 'दो बदमाश' में हास्य कलाकार घोरी और दीक्षित को (एक पतला दूसरा मोटा) लारेल और हार्डो के लोकविख्यात रूप में आयी और टॉकी (बोलती) का उत्पादक और बढ़ गया। वाडिया बन्धुओं ने जहाज़ के चिह्नवाले और वाडिया मूवीटोन के नये नाम से अपनी पहली टाकी फिल्म 'लाल-ए-यमन' बनायी। रंगीन फिल्मों का निर्माण 1933 से प्रारम्भ हुआ। प्रभात कम्पनी के लिए वी. शांताराम के निर्देशन में बनी 'सैरंध्री' ही पहली रंगीन फिल्म है। इसकी कथा महाभारत से ली गई थी। हिमांशु राय की 'कर्म' एक भारतीय-विदेशी सम्मिलित प्रयास थे। यह फिल्म अंग्रेज़ी और हिन्दी में बनाई गई। हिन्दी आवृत्ति का शीर्षक था 'नागिन की रागिनी'। फिल्म के नायक हिमांशु राय था। नायिका देविका रानी, टैगोर के भाई की पोती थीं। 1934 में विजय और शंकर भट्ट ने अपनी 'प्रकाश पिक्चर्स' शुरू की जिसका चिह्न था जलता हुआ दीपक। उनकी पहली फिल्म थी 'एक्स्ट्रेस उर्फ बम्बई की मोहिनी', जो एक पतिव्रता पत्नी और चलचित्र अभिनेत्री से सम्बन्धित अपराध कथा थी। इस साल की दो अन्य श्रेष्ठ फिल्में हैं -'सीता' और 'चंडीदास'। 1934 में वेनिस सिनेमैटोग्राफिक प्रदर्शनी में भेजी जाने वाली पहली फिल्म थी 'सीता', जिसका निर्देशन देवकीबोस ने किया था। रामायण पर बनी बेशुमार फिल्मों में यह उत्कृष्टता की दृष्टि से अपनी जैसी एक ही

है। न्यू थियेटर्स की फिल्म 'चंडीदास' का निर्देशन फोटोग्राफर नितिन बोस ने किया। छुआछूत और जाति-पाँत की लानत के खिलाफ इस फिल्म में सवर्ण कवि चंडीदास रामी धोबन से प्यार की कहानी दिखाई गई थी।

भारत के सम्भवतः सबसे लोकप्रिय उपन्यासकार शरतचंद्र की क्लासिक कृति 'देवदास' पर देश की विभिन्न भाषाओं में अब तक दस बार फिल्में बन चुकी है। पहली बार 1928 में नरेशमित्र ने इस पर फिल्म बनाई थी। किन्तु जिस फिल्म ने देवदास को एक कल्टफिगर बना दिया, वह थी पी.सी. बरुआ की 'देवदास', जो 1935 में हिन्दी और बंगला दोनों भाषाओं में बनी थी। इस फिल्म में के.एल. सहगल नायक थे और बरुआ की पत्नी यमुना पार्वती (पारो) बनी थी। देवदास ने तब पूरे फिल्मी जगत को एक तूफान की तरह अपनी गिरफ्त में ले लिया था जो इक्कीसवीं शताब्दी में भी बरकरार है। 'देवदास' के केन्द्र में देवदास और पार्वती के सम्बन्धों की कहानी है, जिसका एक सूत्र चन्द्रमुखी से भी जुड़ा हुआ है। इस प्रकार कह सकते हैं कि वह एक त्रिकोणात्मक प्रेम कहानी है। यह सर्वविदित है कि त्रिकोणात्मक कहानियाँ हिन्दी फिल्मों की सबसे लोकप्रिय तथा आजमूदा फार्मूला रही है। अतः यह ध्यान देने योग्य तथ्य है कि इस लोकप्रिय फार्मूले की शुरुआत 'देवदास' उपन्यास से होता है और यह परम्परा किसी न किसी रूप में आज तक चल रही है। 1955 में बनी बिमल राय की 'देवदास' भी एक क्लासिक फिल्म का दर्जा प्राप्त कर चुकी है। इस फिल्म में दिलीप कुमार ने देवदास की भूमिका की थी। एक और 'देवदास'- जो 2003 में प्रदर्शित हुई थी- के मुख्य अभिनेता थे शाहरूख खान, ऐश्वर्या राय और माधुरी दीक्षित। 'देवदास' का नया संस्करण 'देव डी' नाम से 2009 में रिलीज़ किया गया।

हिन्दी सिनेमा में पार्श्वगायन का आरम्भ संगीतज्ञ आर.सी. बोरल ने 'धूप छाँव', उर्फ 'भाग्यचक्र' से शुरू कर दिया था, जिसमें अभिनेता की अपने या अन्य आवाज़ में गाया गाना पहले ही रिकार्ड कर लिया जाता था।

एक नई निर्माण कम्पनी की स्थापना 1935 में हुई, जिसके संस्थापक थे हिमांशु राय। उनकी पहली फिल्म थी 'जवानी की हवा'। इस साल फिल्म जगत में प्रवेश करने वाले दो और बड़े नाम थे महबूब खान और सोहराब मोड़ी। सागर की 'अल हिलाल' निर्देशक महबूब के जीवन में एक भाग्यशाली अवसर बनी। बाम्बे टॉकीज की 'अछूत कन्या' (1936) हिन्दी सिनेमा की एक पहचान बन चुकी थी। इस फिल्म में प्रताप (अशोक कुमार) ब्राह्मण है और कस्तूरी (देवकी रानी) अछूत। दोनों बचपन के दोस्त है, मगर जाति भेद की वजह से दोनों का रिश्ता नहीं हो सकता। अन्त कस्तूरी के बलिदान से होता है। तीस के दशक के न्यू थियेटर्स की दो श्रेष्ठ फिल्में हैं- 'विद्यापति' (1937) और 'स्ट्रीट सिंगर' (1938)। श्रृंगार रस के मूर्धन्य महाकवि विद्यापति के

जीवन पर आधारित फिल्म थी 'विद्यापति', जिसके निर्देशक थे देवकी बोस। गायक बनने के सपने देखने वाले दो लावारिशों की कहानी है 'स्ट्रीट सिंगर'। इस फिल्म के गानों में से हृदय-विदारक गाना 'बाबुल मोरा...' सहगल की याद के साथ जुड़ गया है।

वी. शान्ताराम के निर्देशन में बनी 'दुनिया न माने' की नायिका थी शान्ता आप्टे। एक बूढ़े के साथ ब्याही निर्मला के विद्रोह की कहानी हिन्दी सिनेमा में एक महत्त्वपूर्ण मोड़ है। शान्ताराम ने 1939 में 'आदमी' बनाई, जिसमें पुलिस का सिपाही वेश्या से प्रेम करने लगता है और उसे घर ले आता है। स्वयं शान्ताराम का कहना है कि 'आदमी' का आशावाद इसलिए प्रमुख है कि 'देवदास' के निराशावाद को वे निरर्थक साबित करना चाहते थे।

बाम्बे टॉकीज़ की 'किस्मत' (1943) चालीस के दशक की एक मील का पत्थर थी। अशोक कुमार की एंटी हीरो छवि ने एक नया फार्मूला बनाया। कोलकत्ता में यह फिल्म करीब चार साल तक चली। अमीर पिता और उसके दो बेटों का बिछुड़ना और आखिर में मिलना। इनमें से एक बेटा ऐय्याश है और दूसरा अपराधी होते हुए भी नायक के गुणों से सम्पन्न है। 'किस्मत' के कथानक का असर सत्तर के दशक के सिनेमा पर भी देखा जा सकता है। अमिताभ बच्चन और अनिल कपूर से बरसों पहले अशोक कुमार एंटी हीरो के रूप में लोकप्रियता हासिल कर चुके थे। अगले दशक के कई सितारों का उदय चालीस के दशक में हुआ। दिलीप कुमार का प्रथम प्रवेश बम्बई टॉकीज़ की 'ज्वार भाटा' में 1944 में हुआ। देवानन्द ने प्रभात के 'हम एक हैं' से 1946 में फिल्मी जीवन शुरू किया। 1947 में मधुबाला के साथ 'नीलकमल' में आकर राजकपूर अग्रणी अभिनेता बने। अभिनेत्रियों में मीनाकुमारी, कामिनी कौशल, सुरय्या, निरूपा राय आदि सितारों में जगमगाने लगे। 1946 में बनी हिन्दी की जो फिल्में उल्लेखनीय और महत्त्वपूर्ण कही जा सकती हैं वे थी 'अनमोल घड़ी', 'नीचा नगर', 'डॉ. कोटनीस की अमर कहानी' तथा 'धरती के लाल'। महबूब की संगीतमय फिल्म थी 'अमनोल घड़ी' (नूहजहाँ, सुरेंद्र, सुरैया)। चेतन आनंद ने 'नीचा नगर' में कामगारों और मालिकों के संघर्ष को प्रभावशाली ढंग से प्रस्तुत किया था। इस फिल्म को कान (फ्रांस) जैसे महत्त्वपूर्ण फिल्म समारोह में पुरस्कार भी मिला था। वी. शान्ताराम का जीवनी-प्रधान सुन्दर चित्रण था 'डॉ. कोटनीस की अमर कहानी', जो के.ए. अब्बास की अंग्रेज़ी पुस्तक 'The one who did not come back' पर आधृत था। 'धरती के लाल' के.ए. अब्बास के निर्देशन में बनी बंगाल के भीषण दुर्भिक्ष का हृदयस्पर्शी चित्रण करने वाली यथार्थवादी और नूतन शैली की रचना थी।

1947 में स्वाधीनता के बाद बहुत से सिने-कलाकार पाकिस्तान चले गये। ऐसे लोकप्रिय अभिनेता-अभिनेत्रियों में शाहनवाज सादिक अली, नूरजहाँ, खुर्शीद आदि का

नाम उल्लेखनीय हैं 1948 में जेमिनी की जबरदस्त हिट 'चन्द्रलेखा' के साथ हिन्दी सिनेमा में दक्षिण का धावा शुरू हुआ। निर्देशक थे एस.एस. वासन। बाम्बे टॉकीज़ की 'महल' (1949) लेखक-निर्देशक कमाल अमरोही की एक नई किस्म की रहस्यात्मक फिल्म थी, जिसमें पुनर्जन्म की धारणा को इस्तेमाल किया गया था। मशहूर गीत 'आयेगा आयेगा आयेगा आने वाला...' इस फिल्म में है। स्वतंत्रता के पश्चात निर्मित होने वाली एक और महत्त्वपूर्ण फिल्म कही जा सकती है- 'कल्पना', जिसका निर्माण प्रसिद्ध नृत्य-विशारद, साहित्य सेवी कलाकार उदयशंकर भट्ट ने किया था। इस रचना की मुख्य विशेषता यह है कि नृत्य-चित्र (Ballet film) के रूप में यह प्रथम रचना थी। कवि सुमित्रानन्दन पन्त ने लक्ष्मण नाम से इसके लिए गीत लिखे थे।

रंजीत की 'जोगन' (1950), जिसका निर्देशन केदार शर्मा ने किया था, एक भक्तिन (नर्गीस) और एक नौजवान नास्तिक (दिलीप कुमार) के प्यार और घृणा की कहानी के माध्यम से एक गूढ़ आध्यात्मिक स्तर की फिल्म थी। 1951 में निर्मित हिन्दी-चित्रों की सबसे बड़ी विशेषता यह कही जा सकती है कि संघर्ष भरे जीवन के यथार्थ और सजीव चित्रण की जो परम्परा युद्धोत्तर काल की 'धरती के लाल' (के.ए. अब्बास -1946) फिल्म की आर्थिक असफलता से हिन्दी फिल्मों में पनप न सकी थी, वह इस वर्ष की 'आवारा' और 'हम लोग' जैसी फिल्मों में पुनर्जीवित हो उठी। राजकपूर की 'आवारा', जो हर तरह से नई हवा और उच्च कोटि की फिल्म थी, एक मोड़ साबित हुई। समाजवाद का संदेश देनेवाला कथासूत्र, चार्ली चैप्लिन के रंग में विषयवस्तु का प्रस्तुतीकरण, दिलकश संगीत और शानदार अभिनय की वजह से 'आवारा' जबरदस्त कामयाब साबित हुई। सोवियत संघ में इस चित्र को 'ब्रोदियागा' के नाम से बड़े पैमाने पर रिलीज़ किया गया और उसका गीत 'आवारा हूँ...' कई देशों में बड़ा लोकप्रिय हुआ। 'हम लोग' में हमारे समाज के शिक्षित परन्तु बेकार नवयुवकों के खिन्न चित्त और निराश हृदय की बड़ी सजीव अभिव्यक्ति की गई थी। 1952 में जो हिन्दी फिल्में बनीं उनमें 'आन', 'रत्नदीप', 'यात्रिक', 'बैजूबावरा' तथा 'आँधियाँ' उल्लेखनीय हैं। 'आन' का महत्त्व इसलिए है कि भारत में बनने वाली यह प्रथम टेकनी कलर फिल्म थी। 'रत्नदीप' देवकी बोस की उत्तम रचना थी। 'यात्रिक' बंगला उपन्यास 'महाप्रशान्त पाथेर' पर आधृत एक गम्भीर चित्र था। 'बैजू बावरा' शास्त्रीय संगीत प्रधान लोकप्रिय रचना थी। इसका निर्देशन विजय भट्ट ने किया था, जो प्रारम्भ से ही अपनी फिल्मों के द्वारा भारतीय सभ्यता और संस्कृति के उपासक के रूप में हमारे सामने आये हैं। 'आँधियाँ' वह फिल्म थी, जो रूस चीन में भी हिन्दी की अन्य उत्कृष्ट फिल्मों के साथ प्रदर्शित की गई थी।

1953-54 में निर्मित होने वाली हिन्दी फिल्मों में 'दो बीघा ज़मीन', 'परिणीता',

'झांसी की राणी', 'राही', 'भाग्यवती', 'मिर्जा गालिब', 'बिराज बहू', 'जागृति', 'बूट पालिश', 'मुन्ना और औलद' उल्लेखनीय कृतियाँ थीं, जिनमें अधिकांश यथार्थवादी रचनाएँ थीं। इन फिल्मों में विमलराय की 'दो बीघा ज़मीन' और 'परिणीता' ने सबसे ज़्यादा असर छोड़ा। शरतचन्द्र के लघु उपन्यास पर आधारित 'परिणीता' में, निस्पृहा-प्रेम सूत्र में बंधे, एक उच्च तथा एक मध्यम परिवार के दो हृदयों की सुन्दर कथा को ग्रहण किया गया था।

1955 से 1957 तक की हिन्दी फिल्मों में वी. शांताराम की 'झनक झनक पायल बाजे' तथा 'दो आँखें बारह हाथ', राजकपूर की 'जागते रहो' तथा महबूब का रंगीन चित्र 'मदर इंडिया' उत्कृष्ट रचनाएँ कही जा सकती हैं। इनमें हिन्दी चित्रपट की विकसित कला दृष्टिगोचर होती है। इन सभी चित्रों को राष्ट्रीय अथवा अन्तर्राष्ट्रीय सम्मान मिला। टेकनी कलर में बनी 'झनक झनक पायल बाजे' नर्तकों के भावनात्मक और कलात्मक टकरावों पर आधारित थी, जो भारतीय कला और संस्कृति की प्रदर्शिनी बन गयी। महबूब की 'मदर इंडिया' उनके ही एक पूर्व निर्मित चलचित्र 'औरत' (1940) को रंगीन, भव्य और कलात्मक दृश्यों से सुसज्जित करके इसका निर्माण किया गया था। इस फिल्म का कथानक ग्रामीण परिवेश में एक किसान परिवार के अभावग्रस्त जीवन तथा साहूकारों की अर्थलिप्सा के द्वारा शिकार होने की उसकी दयनीय अवस्था को चित्रित करता था। 1958 में बनी हिन्दी फिल्मों में कोई विशेषता दृष्टिगोचर नहीं होती। परन्तु 1959 में अच्छी कलात्मक फिल्मों का निर्माण हुआ, जैसे कृष्ण चोपड़ा की 'हीरा-मोती', विमल राय की 'सुजाता', ऋषिकेश मुखर्जी की 'अनाड़ी', अब्बास की 'चार दिल चार राहें' इत्यादि। 'हीरा मोती' हिन्दी के कथा सम्राट प्रेमचंद की 'दो बैलों की कथा' का फिल्मांकन है। 'सुजाता' (विमल राय) छुआछूत की समस्या लेकर चलने वाली बड़ी ही कलात्मक और व्यंजना-प्रधान फिल्म थी। एक फिल्म निर्देशक के रूप में गुरुदत्त इस दौर के सबसे कल्पनाशील निर्देशक थे। वह अभिनेता भी अलग तरह के थे। हिन्दी सिनेमा की मुख्यधारा में वह आउट साइडर नज़र आते थे। 'प्यासा' (1957) और 'कागज़ के फूल' (1959) इन दो अद्‌भूत फिल्मों ने गुरुदत्त की कवि-निर्देशक के रूप में पहचान बना दी।

1960 में बनी फिल्मों में सर्वाधिक लोकप्रिय और प्रसिद्ध रंगीन फिल्म 'मुगल-ए-आज़म' (दिलीप कुमार- मधुबाला) थी, जिसका निर्माण-निर्देशन के. आसिफ ने किया था। यह आठ वर्ष और लगभग सवा करोड़ रुपये की लागत की फिल्म थी, जो प्रसिद्ध नर्तकी अनारकली और मुगल शाहजादे सलीम के प्रणय-कथानक पर आधृत थी। धीमे स्वर में संवाद बोलने की अद्वितीय शैली दिलीप कुमार ने विकसित की थी, जो रंगमंच से अलग थी - काफी हद तक सिनेमाई भी। वैसे संवाद बोलने के अपने अन्दाज़ के

कारण राजकुमार ने भी हिन्दी फिल्मों में लम्बी और विश्वसनीय पारी खेली है। 1961 में रंगीन चित्रों की निर्माण संख्या बढ़ी। यही इस वर्ष की हिन्दी फिल्मों की विशेषता है। ऐसे चित्रों में 'गंगा-जमना', 'स्त्री', 'जंगली' और 'सम्पूर्ण रामायण' उल्लेखनीय हैं। 'गंगा जमना' दिलीप कुमार का एक आँचलिक चित्र था, जिसमें पूर्वी भाषा और लोकजीवन का बडा ही सजीव अंकन किया गया है। इस दृष्टि से यह एक नया प्रयोग था। सुबोध मुखर्जी की 'जंगली' (शम्मी कपूर का अभिनेता के रूप में नया अवतार) ने हवा के रुख को रंगीन, पलायनवादी, शोर, संगीत और तरह-तरह की कलाबाजियों से युक्त फिल्मों की ओर मोड़ दिया। 1962 में निर्मित हिन्दी फिल्मों में गुरुदत्त की 'साहिब बीबी और गुलाम' सर्वाधिक उल्लेखनीय कृति है। अगले वर्ष की फिल्मों में ईस्टमैन कलर की फिल्म 'प्रोफेसर' बड़ी लोकप्रिय हुई। इसकी लोकप्रियता का श्रेय इसकी मनोहर गीत-संगीत योजना को है। बिमल राय की 'बंदिनी', सादिक की 'ताजमहल' जैसी फिल्में भी इसी वर्ष आयीं। 1964 की श्रेष्ठ फिल्मों में 'लीडर' (दिलीप कुमार-वैजयन्ती माला), 'संगम' (राजकपूर - वैजयन्ती माला और राजेंद्र कुमार), 'शहर और सपना', 'दोस्ती' के नाम सर्वोपरि है। के.ए. अब्बास की 'शहर और सपना' को राष्ट्रपति का स्वर्ण पदक मिला था। 'दोस्ती' गीतों के कारण हिट हुई।

हिन्दी फिल्मों के विकास के इतिहास में 1965 से लेकर 1966 तक निर्मित और प्रदर्शित चित्रों में देवानन्द की 'गाइड' (1965-इसका अलग अंग्रेज़ी संस्करण भी है) बासु चाटर्जी के निर्देशन में बनी 'तीसरी कसम' (1966-फणीश्वरनाथ रेणु की कहानी पर आधारित फिल्म को राष्ट्रपति का स्वर्णपदक मिला था)। हिन्दी की पहली 70 mm फिल्म 'एराउंटड द वर्ल्ड' (1967- निर्देशक पाछी) ऋषिकेश मुखर्जी की 'आशीर्वाद' (1968), मृणाल सेन की 'भुवन शोम' (1969) आदि के नाम उल्लेखनीय हैं।

सीन 5

समान्तर सिनेमा

समान्तर सिनेमा/नई लहर का सिनेमा/नव सिनेमा आन्दोलन ने हिन्दी सिनेमा के इतिहास में महत्त्वपूर्ण योगदान दिए हैं। 1969 तक हिन्दी फिल्मों में कथावस्तु या पटकथा पर कोई विशेष ध्यान नहीं दिया गया था। एक तरह से इसे नकार किया गया था। सारे कथानक में एक जैसा त्रिकोण प्रेम, ऊबा देने वाला अभिनय, घूम-फिरकर पर्दे पर बार-बार आनेवाले वे ही पात्र, प्रेम का रोना-धोना, मार-धाड़, रंगों की तड़क-भड़क और समस्याओं के स्वाभाविक समाधान दर्शकों की सहानुभूति को खोते चले जा रहे थे। दर्शक इन फिल्मों की एकरसता से ऊबने लगे थे। वास्तविकता से परे दीख पड़ने वाली इन हिन्दी फिल्मों से उस समय की नई पीढ़ी जब एकता स्थापित नहीं कर सकी, तब उसने इनकी थोथी स्थिति को शीघ्र ही भांप लिया, वह बेचैनी-सी महसूस करने लगी। इसी बेचैनी को अपनी पैनी दृष्टि से बंगाल के कुशल निर्देशक मृणाल सेन ने पकड़ा और हिन्दी फिल्मों में भी कुछ नया देने के प्रयास में ब्लैक एण्ड व्हाइट में एक हिन्दी फिल्म 'भुवन शोम' (1969) बनाई, जिसे राष्ट्रपति के स्वर्णपदक से विभूषित किया गया। सरल, कम खर्च वाली, सितारों से रहित, पूर्णतया स्टुडियो के बाहर के स्थानों पर शूट की जाने वाली फिल्मों की उपयोगिता की ताज़ा समझ इस फिल्म से हिन्दी सिनेमा में आयी। बनफूल के बंगला लघु उपन्यास पर आधारित यह फिल्म समान्तर सिनेमा के नाम से जानी जाने वाली और इसी तरह बनने वाली फिल्मों का अगुआ बन गयी। यह फिल्म पहले काफी दिनों तक डिब्बों में बन्द पड़ी रही। प्रदर्शक रंगीन फिल्मों के परदे पर इस काली-सफेद फिल्म को प्रदर्शित करने से कतराते रहे। बाद में 'भुवन शोम' जब मुख्यतः सुबह के शो में रिलीज़ हुई तो उसने व्यापारिक सफलता दिखाकर हैरत में डाल दिया। इस फिल्म की कहानी एक ऐसे अधेड़ नायक से सम्बन्ध रखती थी जो कर्तव्य पालन करने और कराने में बड़ा कठोर था। रेलवे में एक उच्च अधिकारी की हैसियत से कार्य करने वाला यह नायक अपने इस कठोर व्यवहार से अपने मातहत सभी कर्मचारियों की आलोचना का शिकार था। लेकिन एक

बार जब वह शिकार के लिए एक गाँव में पहुँचता है तो शहर से दूर इस गाँव के मुखिया की पुत्रवधू अपने भोले-भाले और सरल व्यवहार से उसकी सारी कठोरता को पिघला देती है और उसके हृदय में मानवीय सहानुभूति-प्रक्रिया को बड़ी कुशलता के साथ निर्देशक ने दर्शाया है। समान्तर फिल्मों की परम्परा की दूसरी फिल्म है सारा आकाश (1969)। राजेन्द्र यादव के उपन्यास 'सारा आकाश' पर इसी नाम से बनी फिल्म निर्देशक बसु चटर्जी के स्वप्नों को साकार करने वाली फिल्म है। ब्लैक एण्ड व्हाइट में बनी यह फिल्म सही मायनों में फिल्म के सच्चे स्वरूप को प्रकट करती है। इस फिल्म की कहानी का सम्बन्ध एक ऐसे युवक की आकांक्षाओं से था, जिनके द्वारा वह सारे आकाश को अपनी बांहों में समेट लेना चाहता था, पर रूढ़िवादी परिवार की मध्य वर्गीय आवश्यकताएँ उसके पांवों में विवाह की बेड़ियाँ डालकर उसे परकटे पक्षी की तरह तड़पने के लिए छोड़ देती है। ज़िंदगी से समझौता करके ही आगे बढ़ना श्रेष्ठ है, यही इस फिल्म का सन्देश है, जिसका गहरा प्रभाव दर्शक के संवेदनशील हृदय को अच्छी तरह से पकड़ने में सफल हुआ है।

'भुवन शोम' और 'सारा आकाश' के पदचिह्नों पर हर साल ऐसी फिल्में आने लगीं। 1970 में लेखक-निर्देशक राजेन्द्र सिंह बेदी की दस्तक में, जो एक ऐसी मुस्लिम दम्पती की मुसीबत की कहानी है, जिसे एक पुराने कोठे पर जाकर रहना पड़ता है, नये अन्दाज़ और लोकप्रियता के पुराने रुझान का बड़ी सूझबूझ वाला मिश्रण किया गया। कुछ आज़ाद फिल्मकार, जैसे निर्माता-निर्देशक आई.एम. कुन्नु और लेखक-निर्देशक बी.आर. इशारा ने भी नई प्रतिभाओं के साथ और स्टुडियो के बाहर, लगभग एक माह के मामूली समय में कम लागत वाली फिल्में बनाना शुरू कर दिया। उनकी 'चेतना' (1970) एक बड़ी मुँहफट काल-गर्ल और उससे काफी कोशिश के बाद शादी कर लेने वाले एक नौजवान की कहानी है। मगर जब लड़की को पता चलता है कि उसके गर्भ में किसी का बच्चा है तो वह आत्महत्या कर लेती है। फिल्म को 'ए' सर्टिफिकट मिला और इसी के कारण यह फिल्म बाक्स ओफिस पर सफल भी हुई।

पुराने फिल्म शिल्पियों में से हृषिकेश मुखर्जी ने इस नई लहर के नाम पर 'आनन्द' और 'गुड्डी' जैसी फिल्में बनाकर इस दौर में भी जीत ली है। 'आनन्द' में जीवन को हँसी-खुशी जीने की नायक- जो कैंसर से पीडित है- की अभिलाषा, जहाँ कठिनाइयों में भी ज़िन्दा रहने और हँसते रहने की भावना का एक सुन्दर प्रकाशन करती है, वहीं गुड्डी की नायिका किशोर और युवा समाज के मन में फैले फिल्मों

के झूठे और कृत्रिम, ग्लैमर के भयानक आकर्षण को चित्रित करने में पूर्णतः सफल हुई है। कुमार शाहनी की 'माया दर्पण' (1973), मणि कौल की 'दुविधा' (1973), 'उसकी रोटी', एम.एस. सथ्यु की 'गर्म हवा' (1973), शिवेंद्र सिन्हा की 'फिर भी', रवीन्द्र धर्मराज की 'चक्र', जब्बार पटेल की 'सिंहासन' (1979) नई दिशा में कुछ और प्रशंसनीय कदम थे।

श्याम बेनेगल 1974 में 'अंकुर' बनाकर हिन्दी फिल्मों की नई परम्परा में प्रवेश किया। 'भूमिका' (1977) उनकी सर्वश्रेष्ठ फिल्म है लेकिन 'निशान्त', 'चरनदास चोर', 'मन्थन', 'जुनून', 'कलयुग', 'मंडी' आदि फिल्मों ने स्मिता पाटील, शबाना आज़मी, ओमपुरी, नसरुद्दीन शाह, अमरीश पुरी (जो बाद में मसाला फिल्मों में नम्बर एक खलनायक बन गये) आदि अनेक प्रतिभाओं को उभरने का मौका दिया। अस्सी के दशक की उपलब्धियाँ हैं गोविंद निहलानी की 'आक्रोश' (1980), 'अर्धसत्य' सईद मिर्जा की 'एलबर्ट पिन्टो को गुस्सा क्यों आता है?' (1980), 'मोहन जोशी हाज़िर हो', अरविंद देसाई की 'अजीब दास्तान', महेश भट्ट की 'अर्थ' (1982), प्रकाश झा की 'बदनाम बस्ती', 'दामुल', अवतार कौल की '27 डाउन', गोविंद घोष की 'पार' (1984), केतन मेहता की 'मिर्च मसाला', कुन्दन शाह की 'जाने भी दो यारो', रवीन्द्र धर्मराज की 'चक्र', मुजफ्फर अली की 'उमराव जान', सईद मिर्जा की 'सलीम लंगड़े पे मत रो', अशोक अहूजा की 'आधारशिला' आदि फिल्में।

समान्तर सिनेमा आन्दोलन काफी खराब फिल्मों के बोझ तले दब गया। 1970 से प्रारम्भ होने वाले दशक में हिन्दी चित्रों की धारा और आगे बढ़ी है। इस दशक में सेक्स फिल्मों का प्रमुख विषय बनकर उभरा। सेक्स पर आधारित कई परिपक्व कथा वस्तुओं को बड़े ही परिपक्व ढंग से चित्रित किया गया था। कला, व्यावसायिक और मध्यमार्गी - तीनों प्रकार की फिल्मों में नैतिकता के सवाल को भी उठाया था। 'अचानक' (गुलज़ार) और 'दुविधा' (मणिकौल) में पति के साथ विश्वासघात करके अन्य पुरुष के साथ सम्बन्ध रखने वाली स्त्रियों का चित्रण था। 'जुली' (के.एस. सेतुमाधवन) की कथावस्तु बहुत चौंका देने वाली थी। इस फिल्म में विवाह से पूर्व स्थापित शारीरिक सम्बन्धों से उत्पन्न समस्या का चित्रण था। मलयालम फिल्म 'चट्टक्कारी' का हिन्दी रूपान्तर है 'जूली'। एक कार्ल गर्ल की कहानी है 'चेतना'। सत्तर की फिल्मों में 'जानी मेरा नाम' (1970), 'आनन्द' (1971), 'पाकीज़ा' (1972), 'हरे राम हरे कृष्ण'

(1972), 'जंजीर' (1973), 'बाबी' (1973), 'कोरा कागज़' (1974), 'आँधी' (1975), 'शोले' (1975), 'दीवार' (1975), 'जय संतोषी माँ' (1975), 'कभी कभी' (1976), 'लैला मजनूं' (1977), 'शतरंज के खिलाड़ी' (1977), 'सत्यम शिवम सुंदरम' (1978), 'मुकद्दर का सिकन्दर' (1979) आदि ऐसी रचनाएँ हैं, जो विभिन्न दृष्टियों से अपना महत्त्व रखती हैं।

उच्चकोटि की अभिनेत्री मीना कुमारी की अन्तिम फिल्म थी 'पाकीज़ा'। इस फिल्म की विशेषता यह थी कि एक लम्बे अन्तराल के (16 वर्ष) पश्चात बनीं; परन्तु कला की दृष्टि से अच्छी बनीं। इस फिल्म का निर्देशक है कमाल अमरोही। हिप्पीवाद पर 'हरे राम हरे कृष्ण' बनाकर देवानंद ने फिल्म उद्योग में एक हलचल पैदा कर दी। इस फिल्म का मशहूर गीत है 'दम मारो दम...।' गम को मिटाने के लिए दम मारो दम की शिक्षा हिप्पियों द्वारा दी गई, जिसका परिणाम मौत ही सिद्ध हुआ। यही इस फिल्म का सन्देश है। प्रकाश मेहरा की 'जंजीर' की सफलता के बाद हिन्दी व्यावसायिक सिनेमा की जंजीरें सुपर स्टार अमिताभ बच्चन के हाथ में थी। अमिताभ को 'एंग्री यंग मैन' की छवि मिली। 'दीवार' फिल्म बच्चन की इस छवि की परंपरा को आगे बढाती है। यह उन चन्द हिन्दी फिल्मों में से एक थी, जिसमें गैंगस्टर को मानवीय नज़रिये से पेश किया गया और उसके रोष को उचित ठहराया गया। राजकपूर की फिल्म 'बाबी' ने फिल्म जगत में तहलका मचा दिया। नव वयस्कों की प्रेम कहानी, उसके लोकप्रिय गीतों और हल्के-फुलके सेक्सी दृश्यों ने युवा पीढ़ी का दिल जीत लिया। राजकपूर की नई खोज डिम्पल कपाड़िया, जिसने बाद में राजेश खन्ना से शादी कर लीं, इस फिल्म में नायिका थीं और नायक थे राजकपूर के बेटे ऋषिकपूर। 'कोरा कागज़' में विचारों का द्वन्द्व, अलगाव, तदुपरान्त पुनर्मिलन को दर्शाया गया था। लेखक रमेश सिप्पी ने 'शोले' में हॉलीवुड की वेस्टर्न काउबॉय फिल्मों को भारतीय पहनावा दिया था और इस फिल्म ने बाक्स ऑफिस पर रिकार्ड तोड़ सफलता हासिल की। किराये के गुंडों द्वारा एक खतरनाक डाकू के सफाये की कहानी है 'शोले'। इस फिल्म के अमजद खान का खलनायक पात्र गब्बरसिंह नायक से भी प्रसिद्ध हुआ। गाँव के धोबी के बोलने की लोक शैली अपनाकर अमजद ने गब्बर को एक मिथक में बदल दिया। कम बजट पर बनी 'जय संतोषी माँ' ने भी जबरदस्त सफलता हासिल की। इस फिल्म को सन्तोषी माँ के लाखों भक्तों ने देवी के प्रति अपनी श्रद्धा जताते हुए बड़े ही चाव से देखा। इस फिल्म की आशातीत सफलता हिन्दी फिल्मों के इतिहास में हमेशा याद रखी जाएगी। सत्यजित राय की एकमात्र हिन्दी फिल्म 'शतरंज के खिलाड़ी', प्रेमचंद की मूल हिन्दी कहानी को एक नया विस्तार और अर्थ देती है। भारत के बजाय विदेशों में इस फिल्म को भरपूर सराहना मिली।

अस्सी के दशक में पलायनवाद का चित्रण फिल्मों का प्रमुख उद्देश्य बन गया। फिल्मों में अश्लीलता तथा हिंसा आश्चर्यजनक रूप से बढ़ गई थी। अधिकांश फिल्मकार फिल्म निर्माण का मूल उद्देश्य, सिनेमा की प्रकृति आदि भूलकर दिशाहीन हो गये थे। उधर टी.वी. और वीडियो की बदौलत पहले ही सिनेमाघरों में दर्शकों की संख्या दिन-ब-दिन घटती जा रही थी। इस दशक की हिट होने वाली फिल्में थीं 'कुर्बानी', 'कर्ज', 'हम पाँच' (1980), 'सत्ते पे सत्ता' (1981), 'नमक हलाल', 'शक्ति' (1982), 'हीरो' (1983), 'राम तेरी गंगा मैली' (1985), 'कर्मा' (1986), 'राम लखन' (1989) आदि। महेश भट्ट की शुरू की फिल्मों ('विश्वासघात', 'नया दौर', 'लहू के दो रंग', 'अभिमन्यु') को दर्शक भूल गये हैं, पर 1982 में 'अर्थ' और 1984 में 'सारांश' से महेश भट्ट को 'बीच के सिनेमा' के एक प्रमुख फिल्मकार के रूप में प्रतिष्ठा मिल गयी। इन फिल्मों में शबाना आज़मी, स्मिता पाटील ('अर्थ') और अनुपम खेर ('सारांश') आदि की शक्तिशाली भूमिकाएँ थीं। डिस्को संस्कृति को प्रतिबिंबित करने वाली पहली फिल्म थी 'डिस्को डान्सर' (1982)। इस फिल्म की सफलता से मिथुन चक्रवर्ती की डानसिंग-फाइटिंग स्टाइल हमेशा पुख्ता हुई। एक विदेशी फिल्म पर आधारित शेखर कपूर की फिल्म 'मासूम' (1983) एक अवैध सन्तान की मर्मस्पर्शी कहानी थी, जो अपने पिता, उसकी वैध पत्नी तथा बच्चों के साथ पलता है। मीरा नायर की अन्तर्राष्ट्रीय ख्याति प्राप्त फिल्म है 'सलाम बॉम्बे' (1988)।

नब्बे के दशक में ऐसे निर्माताओं की संस्था बढ़ गई है जो फिल्म निर्माण सिर्फ मुनाफा कमाने के उद्देश्य से कर रहे थे और उसके लिए उनमें होड़ लगी हुई थी। गलत और अनुभवहीन लोग फिल्म निर्माण के मैदान में उतर चुके थे। अब फिल्में बनाई जा रही थीं दूसरों से पैसा ऐंठने के लिए, नुकसान की भरपाई करने के लिए, ब्लैक मनी को व्हाइट करने के लिए। इस बीच कुछ गिने-चुने फिल्मकारों ने सार्थक फिल्में बनाने की स्वस्थ परम्परा जारी रखी। हिन्दी सिनेमा की सबसे खास बात यह रही कि सामाजिकता और पारिवारिकता का जो धरातल उसे विरासत में मिला, कुछ अपवादों को छोड़कर उससे नाता कभी नहीं टूटा। शोषण और अन्धविश्वास के खिलाफ फिल्में आगे भी बनती रहीं; अपाहिजों और कमज़ोरों को संवेदना देने वाली फिल्मों का सिलसिला चलता रहा। स्त्री हमारी फिल्मों का खास विषय रही है, लेकिन इस स्त्री का केवल अंग प्रदर्शन नहीं किया गया है, बल्कि उसके अधिकारों, उसके अकेलापन, उसकी उपेक्षाओं के हक में आवाज़ें उठाई गयीं।

1990 का दशक ऐतिहासिक रूप से महत्त्वपूर्ण था। उस पर पिछले दशकों का बोझ तो था ही, नई शताब्दी के आगमन की प्रतीक्षा भी थी। ऐसे समाज में परम्परागत पारिवारिक मूल्यों की वापसी अवश्येभावी हरायी जा सकती है जो भूमंडलीकरण के

झटकों का सामना कर रही थी। ये मूल्य नये-नये निर्देशको द्वारा बनाई जा रही बेहद सफल फिल्मों में शामिल थे। उनकी समझ भले ही अलग-अलग रही हो, लेकिन अपने समय की चेतना उनमें भरपूर थी- नई तकनीक के साथ नई रूढ़िवादिता परोसी जाने लगी। 'हम आपके हैं कौन?' (1994), 'दिलवाले दुलहनिया ले जाएँगे' (1995), 'दिल तो पागल है' (1997), 'कुछ कुछ होता है' (1998), 'ताल' (1999) आदि फिल्मों में इसके उदाहरण हैं। सूरज बड़जात्या 'हम आपके हैं कौन?' के साथ हिन्दी सिनेमा को एक नये युग में ले जाते हैं। यह हिन्दी की पहली फिल्म है, जिसने 100 करोड़ से अधिक का व्यवसाय किया। सूरज बडजात्या ने गरीबों के सिनेमा को अमीरों का सिनेमा बनाने की शुरुआत की। उन्होंने बम्बई की लिबर्टी और कुछ अन्य जगहों के चन्द सिनेमाघरों को अत्यन्त सुविधाजनक बनाकर और आधुनिक तकनीक से जोड़कर भव्य बनाया और उनमें अपनी फिल्मों को प्रदर्शित किया। वे सिनेमा टिकटों के दाम 100 रुपये तक खींचकर ले गये। मल्टीप्लैक्स सिनेमा की शुरुआत की दिशाये में 'हम आपके हैं कौन?' नींव का पत्थर है। यह उनकी अपनी ही निर्माण संस्था 'राजश्री प्रोडेक्शन' की 1982 में गोविंद मूनिस द्वारा निर्देशित 'नदिया के पार' का पुनर्निर्माण था। यश चोपड़ा के पुत्र आदित्य चोपड़ा ने मात्र चौबीस साल की उम्र में 'दिलवाले दुलहनिया ले जाएँगे' की रोमांचक सफलता के द्वारा एक नया इतिहास रचा। 'दिलवाला' में सहायक रहे उनके समवयस्क मित्र करण जौहर ने 'कुछ कुछ होता है' के द्वारा अपने मित्र गुरु द्वारा अर्जित बेमिसाल कामयाबी को एक बार फिर दोहराया। हिन्दी सिनेमा में एक नई पीढ़ी का उदय हो चुका था जिसने अपनी अग्रज पीढ़ी के सामने नई चुनौतियों के साथ टकराने की ज़रूरत खड़ी कर दी थी। इस दशक के अन्य प्रकार की प्रसिद्ध फिल्में हैं-'खलनायक' (1993), 'बैंडिट क्वीन' (1994), 'बाम्बे' (1995), 'रंगीला' (1995), 'दिल से' (1998), 'हम दिल दे चुके सनम' (199) आदि। 'खलनायक' फिल्म के नायक संजय दत्त इसी फिल्म के निर्माण के दौरान गिरफ्तार किये गये और उन्हें जेल और अदालतों की यंत्रणाओं से गुज़रना पड़ा। गरज ये कि 'रील लाइफ', 'रियल लाइफ' में उथरी हुई देखी गयी। 'चोली के पीछे क्या है...' गीत ने देशव्यापी बवंडर खड़ा किया। भयानक आलोचना, प्रत्यालोचना हुई। 1993 का यह सर्वाधिक लोकप्रिय गीत था। शेखर कपूर की 'बैंडिट क्वीन' चम्बल की डाकुनी की प्रतिशोध की कहानी है। रामगोपाल वर्मा की 'रंगीला' युवा दर्शकों के लिए बनी फिल्म है। मणि रत्नम की 'रोजा' और 'दिल से' में आतंकवादी मानसिकता को समझने की कोशिश है। 'बांबे' में सांप्रदायिक उन्माद में कोमल संबंधों की एक कठिन पहचान का लक्ष्य है।

2000 के दशक में हिन्दी फिल्मोद्योग की ख्याति अन्तर्राष्ट्रीय स्तर पर पहुँच गई है। इस उपलब्धि को हासिल कराने में पुरानी और नई पीढ़ी के फिल्मकारों का महती

योगदान माना जाता है। करण जौहर (कभी खुशी कभी गम- 2000), जब्बार पटेल (डॉ. बाबासाहेब अम्बेडकर - 2000), एम.एफ, हुसैन (गजगामिनी- 2000), जगमोहन मूंदडा (बवंडर- 2001), आशुतोष गोवारीकर (लगान- 2001, जोधा अकबर- 2008), अपर्णा सेन (मिस्टर एण्ड मिसिज़ अय्यर- 2002), फरहान अख्तर (दिल चाहता है- 2003), मीरा नायर (मानसून वेडिंग- 2001), अनंत बालानी (जांगर्स पार्क- 2003), मधुर भंडारकर (पेज थ्री - 2005), प्रदीप सरकार (परिणीता- 2005), संजय लीला भंसाली (ब्लैक- 2005), पूजा भट्ट (होली डे- 2005), राजकुमार हिरानी (लगे रहो मुन्नाभाई - 2006), राकेश रोशन (कृष - 2006), संजय गधवी (धूम-2 - 2006), इमतियाज अली (जब वी मेट - 2007), शाहिद अली (झूम बराबर झूम - 2007), रामगोपाल वर्मा (रामगोपाल वर्मा की आग - 2007), शोले फिल्म का दूसरा भाग, जिनमें मलयालम के सुपर स्टार मोहनलाल ने अभिनय किया, यश चोपड़ा (वीर जारा - 2004), राकेश ओमप्रकाश मेहरा (रंग दे बसंती - 2006, डेल्ही - 6 - 2008), ए.आर. मुरुकदास (गजनी - 2008), एण्डणी डिसूज़ा (ब्लू - 2009), प्रेम आर. सोनी (मैं और मिसिज़ खन्ना - 2009), अयन मुखर्जी (वेक अप सिड - 2009) आदि।

'कभी खुशी कभी गम' विदेशों में काफी लोकप्रिय हुई। पारिवारिक और सांस्कृतिक मूल्यों की दुहाई देने वाली फिल्म बम्बई की नई पीढ़ी के कुछ निर्देशक अप्रवासी भारतीयों के लिए भारतीय मूल्यों पर आधारित प्रतिगामी और पिछड़ी मानसिकता की फिल्में लगातार परोस रही हैं। 'बाबा साहबे अम्बेडक र' को बढ़िया दर्शक-वर्ग न मिला। तीन घंटे चालीस मिनट की फिल्म 'लगान' सीधे भुज के गर्म, बंजर और हरियाली रहित देहात में फिल्माई गई है। यह कहानी सीधे-सादे ग्रामीणों और अंग्रेज़ों के बीच क्रिकेट मैच की कहानी पर आधारित है। इस फिल्म ने उन लोगों को भी प्रभावित किया जो क्रिकेट के बारे में कुछ भी नहीं जानते। इस फिल्म ने फ्रांस तथा चीन जैसे देशों में भी जगह बनाई है, जहाँ क्रिकट का कोई अस्तित्व नहीं है। 'वीर ज़ारा' आठवें दशक में सीमा के आर-पार के प्रेमी वीर प्रतापसिंह और जारा हयात खान की प्रेम कहानी है। 'ब्लैक' एक शानदार सिनेमाई उपलब्धि है। तकनीकी दक्षता और नाटकीय प्रभाव दोनों स्तरों पर भंसाली बॉलीवुड के स्वप्न सौदागरों से मीलों आगे हैं। मुम्बई सिनेमा को उसका पहला बहरा-अंधा चरित्र देकर भँसाली सिनेमा को उसकी जडों के नज़दीक ले गये हैं, जब शब्द, गीत, नृत्य और तड़क-भड़क नहीं बल्कि चेहरे, शरीर और परिस्थितियों द्वारा भावाभिव्यक्ति की जाती थी। रसूल पूक्कुट्टि के ध्वनि संकेत इसे बिलकुल नया बनाते हैं। पूजा भट्ट की पहली पहचान यह है कि वह महेश भट्ट की बेटी हैं। हॉली डे उनकी पहली फिल्म होगी जिसमें पिता का क्रियेटिव संरक्षण नहीं है। यह फिल्म मुस्कान नाम की एक साधारण लड़की की कहानी है। वह

सीधी-सादी और हीनभावना से ग्रस्त लड़की है। एक बार गोवा में एक लड़के से उसकी मुलाकात होती है और वह अपनी हीनभावना से मुक्त होती है और अपने नाम को जीने लगती है। प्रचलित फार्मूला को त्यागकर पूजा ने सचमुच कुछ अलग करने की कोशिश की है। 'ब्लू' पानी के नीचे शूट की गई एक्शन फिल्म है।

वर्तमान में यदि किसी फिल्म के निर्माण में पचास करोड़ की राशि खर्च हो रही है, तो हिन्दी फिल्म इंडस्ट्री की आर्थिक समृद्धि का भी सहज अनुमान लगाया जा सकता है। भाषाई दिक्कतों के बावजूद बॉलीवुड शोहरत की बुलंदियों पर है। यों भी दुनिया भर में एक साल में सबसे ज़्यादा (आठ सौ से अधिक) फिल्में बनाने का रिकार्ड भारत के ही नाम दर्ज है।

हिन्दी सिनेमा का बिल्कुल नया अनुभव है मल्टीप्लेक्स कल्चर। मुम्बई, दिल्ली और दूसरे बड़े-बड़े शहरों में बन रहे मल्टीप्लेक्स ने हिन्दी फिल्मों को नये दर्शकों के साथ नये विषय भी दिए हैं।

सीन 6

बंगला सिनेमा

भारत में 1931 में पहली बोलती फिल्म 'आलम आरा' बनी। हिन्दी में बनी यह फिल्म 14 मार्च, 1931 को मुम्बई के मैजेस्टिक सिनेमा हॉल में प्रदर्शित हुई। इस फिल्म के निर्माता मदन थियेटर्स ने अमर चौधरी के निर्देशन में बंगला का प्रथम सवाक चित्र 'जमाई शुष्ठि' 1931 में ही प्रदर्शित किया।

सवाक युग के प्रारम्भ में वीरेन्द्रनाथ सरकार द्वारा न्यू थिएटर्स की स्थापना, बंगला के फिल्म-उद्योग के इतिहास में एक महत्वपूर्ण घटना है। इसी समय बम्बई में हिमांशु राय ने बम्बई टाकीज़ की स्थापना की थी। बाद के वर्षों में इन संस्थाओं के द्वारा बंगला और हिन्दी की अनेक सुन्दर कलात्मक फिल्मों का निर्माण किया गया।

बंगला-चित्रपट के क्षेत्र में प्रारम्भिक विकास के चरण में यद्यपि मदन थिएटर्स, काली फिल्मस, ईस्ट इंडिया फिल्म कम्पनी राधा फिल्म कम्पनी, पायनीयर फिल्म, पापुलर पिक्चर्स, मोती महल थिएटर्स, भारत लक्ष्मी पिक्चर्स, देवदत्ता फिल्म्स, मेट्रो पोलिटन पिक्चर्स तथा और कितनी ही अन्य छोटी-मोटी संस्थायें, हिन्दी और बंगाल फिल्मों का निर्माण कर रही थीं, किन्तु न्यू थिएटर्स के चलचित्र इन संस्थाओं के चलचित्रों से कहीं अधिक कलात्मक, परिष्कृत और लोकप्रिय रहे। इस युग में देवकी बोस, नितिन बोस, प्रथमेश चन्द्र बरुआ, विमल राय जैसे महारथी निर्देशकों ने बंगला चलचित्र-उद्योग को विकास की सीढ़ियों पर काफी दूर तक पहुँचाया। बंगला चलचित्र शिल्प के निर्माण में इनका बहुमूल्य योगदान रहा है।

द्वितीय विश्वयुद्ध के मध्य, विदेशी शासन का दमन-चक्र तीव्र हो गया, जिससे विक्षुब्ध होकर देश में एक साथ राजनीतिक और सांस्कृतिक चेतना को शक्ति मिली। इस चेतना का प्रभाव चलचित्रों पर भी पड़ा।

1945 में विश्व-युद्ध समाप्त हुआ और मित्र-राष्ट्रों की विजय-दुन्दुभी सर्वत्र गूँजने लगी। इसकी प्रतिक्रिया स्वरूप चलचित्र-उद्योग पर लगाये गये समस्त अंकुश और नियंत्रण, जिन्हें युद्ध-काल में लगाया गया था, एक-एक करके समाप्त किये जाने लगे।

साथ ही युद्ध की समाप्ति एक नई चेतना को लेकर सम्मुख आयी। मनुष्य की पूर्वनिर्धारित आस्थाएँ टूटकर बिखरने लगीं और उनमें तीव्रता से परिवर्तन होता हुआ अनुभव किया जाने लगा। हॉलिवुड और यूरोप के चलचित्र शिल्प में अराजकता के दर्शन होने लगे और उनके लक्ष्य दिग्भ्रम में उलझे हुए प्रतीत हुए। इसी अराजकता के मध्य इटली के डी सिका, रोजालिनो आदि निर्देशकों ने अभिशप्त जन-जीवन से कथा सामग्री जुटाकर नये प्रकार के यथार्थवादी चलचित्रों का निर्माण करना प्रारम्भ कर दिया। इटली के इस नियो रियलिज़्म (नव्य-यथार्थवाद) का व्यापक प्रभाव बंगला चलचित्रों पर भी पड़ा। इसके अतिरिक्त 1947 में भारतीय स्वतंत्रता की होड़ में, राष्ट्र के विभाजन तथा हिन्दू-मुस्लिम साम्प्रदायिक संघर्षों ने, न केवल बंगला के चलचित्र उद्योग को प्रभावित किया, बल्कि समस्त भारत का चलचित्र उद्योग ही इसके विषैले प्रभाव से अपने को नहीं बचा सका। बंगाल में, उस समय की लोकप्रिय चलचित्र निर्माता संस्थाएँ, न्यू थिएटर्स और एम.पी. स्टुडियोज़ लगभग बन्द हो गये और चलचित्रों का आगे निर्माण करना उनके लिए कठिन हो गया। बहुत से अन्य निर्माता, जो स्वतन्त्र रूप से चलचित्रों का निर्माण कर रहे थे, वे या तो कलकत्ता छोड़कर बम्बई चले गये या उन्होंने यह व्यवसाय ही बन्द कर दिया। क्योंकि चलचित्रों के निर्माण में आर्थिक तंगी मुंह बाये उनके सामने विकटता से खड़ी थी, जिसका सामना वे नहीं कर सके। लेकिन फिर भी कतिपय निर्माता साहस के साथ बंगाल में ही डटे रहे और कठिनाइयों का सामना करते रहे। यद्यपि बंगाल के चलचित्र-उद्योग को बनाये रखने में उन्हें पाँव से लेकर सिर तक कर्ज में डूब जाना पड़ा।

मुख्य रूप से कलकत्ता फिल्म सोसाइटी के कलात्मक जागरण ने बंगला चलचित्र उद्योग को विकसित करने में बहुत सहायता पहुँचायी, जिसके मुख्य सचेतक थे सत्यजित राय।

पचास के दशक में बंगाल ने भारतीय सिनेमा की भाषा को इतने अधिक विस्तार दिये कि लम्बे समय तक विदेशों में भारतीय सिनेमा का अर्थ था- बंगला सिनेमा। और बंगला सिनेमा में भी सत्यजित राय, ऋत्विक घटक और मृणाल सेन का सिनेमा और इन तीनों में भी सत्यजित राय।

1. सत्यजित राय

बंगला सिनेमा में सत्यजित राय का पदार्पण एक अभूतपूर्व घटना के रूप में स्वीकार किया जायेगा। इटली के नव यथार्थवाद ने सत्यजित राय को प्रभावित किया। 1952 में भारत के प्रथम अन्तर्राष्ट्रीय चलचित्रोत्सव के दौरान प्रदर्शित बाइसकिल थीव्ज़ फिल्म ने भारत के कुछ जागरूक निर्देशकों को बेहद प्रभावित किया और पहली

बार उन्हें अनुभव हुआ कि सीमित अर्थ-व्यवस्था से भी सुन्दर और यथार्थवादी चलचित्रों का निर्माण सम्भव है। इसी से प्रेरित होकर चलचित्रों में यथार्थोन्मुख आदर्शवाद की नींव डालने का प्रयत्न करते हुए सत्यजित राय ने एक ऐसा अभूतपूर्व चलचित्र 'पाथेर पांचाली' का निर्माण किया, जिसने न केवल बंगला चलचित्र शिल्प को ख्याति को शिखर पर पहुँचाया, बल्कि समस्त भारतीय चलचित्र उद्योग की धाक अन्तर्राष्ट्रीय चित्रपट जगत में स्थापित कर दी।

सत्यजित राय के सृजन की यात्रा 1955 में 'पाथेर पांचाली' के प्रदर्शन के साथ आरम्भ हुई। पैंतीस वर्ष का यह दीर्घकालीन सफर 1991 में 'आगन्तुक' के प्रदर्शन के साथ सम्पन्न हुआ। सत्यजित राय अगर भारतीय या विश्व सिनेमा में इतना सम्मान पा सके हैं तो इसके पीछे बड़ा कारण उनकी बहुमुखी प्रतिभा है। सिनेमा के अलावा साहित्य, चित्रकला, संगीत आदि से राय का निकट का सम्बन्ध रहा है।

सत्यजित राय की फिल्मों का संक्षिप्त विवरण यहाँ प्रस्तुत है-

(क) पाथेर पांचाली (1955)

'पाथेर पांचाली' विभूति भूषण बन्धोपाध्याय के उपन्यास पर निर्मित चलचित्र था। इस फिल्म के प्रमुख पात्र अस्तित्व के बुनियादी धरातल के प्रतिनिधि हैं- पिता, माता, दूर के किसी अस्पष्ट रिश्ते वाली बूढ़ी, बेटी और बेटा। इस फिल्म में कथातत्व का प्राधान्य नहीं है, किन्तु वह कुरोसावा की फिल्मों की तरह एक विशिष्ट भूभाग - बंगाल के गाँव का समग्र दस्तावेज़ है। फिल्म की कथा इस प्रकार हैं- जब फिल्म प्रारम्भ होती है तो अपू (बेटा) का जन्म भी नहीं हुआ है। दर्शक उसे पहली बार एक नवजात शिशु के रूप में देखते हैं जिसे पीशी इंदिर झूला झुला रही है। किन्तु अगली बार जब दर्शक उसे देखते हैं तो वह छह वर्ष का हो चुका है। सर्वजया (माता) के कहने पर दुर्गा (बेटी) उसे जगांती है, उसकी आँखों की पलकें खोलकर। उसे आज पहली बार स्कूल जाना है। वह दुबला-पतला शर्मीला बालक है, विराट कौतूहल और जिज्ञासा से पूर्ण और खाने का भी शौकीन। लेकिन माँ उसे वह सब नहीं दे पाती जो वह चाहती है। उसकी बहिन दुर्गा की अलग दुनिया है- कभी अलग तो कभी अपू के साथ शामिल। कभी वे दोनों कोई चीज़ चुराकर खाते हैं तो कभी कंधे पर बहँगी लटकाये फेरी

लगाकर मिठाई बेचनेवाले के पीछे दौड़ते हैं, हालाँकि उसकी मिठाई खरीदने के लिए उनके पास पैसे नहीं है। वे रात को पींशी से कहानियाँ सुनते हैं, बाइस्कोप वाले के शीशे में झाँककर देखने वाली तस्वीरों का आनन्द लेते हैं। जब गांव का मौसम बदलता है और मूसलधार बारिश होने लगती है तो एक दूसरे से सटकर बैठ जाते हैं। एक दिन एक-दूसरे से नाराज़ होकर वे गाँव के आस-पास के खेतों-बगानों में दौड़ते-फिरते हैं। लेकिन कुछ देर बाद फूले कास के पार धुआँ उगलती ट्रेन देखते हैं और गुस्सा भूल जाते हैं। जंगल से होकर गाय के पीछे-पीछे हँसते गुनगुनाते जब वापस घर लौटते हैं तो वे रास्ते में मिलते हैं मृत्यु से, जिसे वे सहसा समझ नहीं पाते। उनकी पीशी वहाँ बागान में बाँसों के झुरमुट के पास मृत अवस्था में पड़ी है। और एक दिन कुछ समय बाद एक भयंकर तूफानी झंझावात की रात में, बारिश से भीगकर बुखार से दुर्गा का भी प्राणान्त हो जाता है। बिना बताये ही अपू मृत्यु को समझने लगता है। हरिहर घर पर नहीं है। जीवन-यापन हेतु कुछ अर्जित करने के लिए वह बाहर गया हुआ है। जब वह लौटता है तो उजड़े-वर्षा और तूफान से विध्वस्त-घर के खंडहर को पाता है जिसमें पीशी और दुर्गा अब नहीं हैं। वह सर्वजया और अपू को लेकर बनारस के लिए निकल पड़ता है। आखिरी दृश्य बैलगाड़ी का है - वे लोग उसमें बैठकर गाडी पकडने स्टेशन जा रहे हैं। 'पथेर पांचाली' गाँव की कहानी है ; गाँव से प्रस्थान के साथ वह समाप्त हो जाती है।

'पाथेर पांचाली' का अर्थ है 'पगडंडी का गीत'। फिल्म में एक आँचलिक गीत है - 'बाउल गीत'। वह दरअसल पीशी का गीत है- वृद्धा उसे अकेले में गाती गुनगुनाती है - शायद जिजीविषा के संघर्ष और मृत्यु की लम्बी प्रतीक्षा के काल की शून्यता को भरने के लिए। फिल्म का थीम म्यूजिक भी एक लोक धुन है जो पार्श्व में ध्वनित होती रहती है। फिल्म के पार्श्व में गीत की धुन जब बाँसुरी पर बजती है, तो उसकी पीड़ा हृदय के तारों को बलपूर्वक खींचती है- एक अपरिमेय दर्द जो कहीं गहरे उतर जाता है। ध्वनि के दृश्यबिंब का ऐसा प्रयोग सिनेमा के इतिहास में शायद ही कहीं मिले।

'पाथेर पांचाली' में प्रेम का व्यापक स्वरूप है - वह पुरुष और नारी के एकांगी प्रेम का स्वरूप नहीं है। यहाँ माँ और बेटे, माँ और बेटी, भाई और बहिन और यहाँ तक कि पुरुष और प्रकृति का प्रेम उजागर हुआ है। इन्दिर ठाकरुन 'पीशी' है, मगर वह कहीं दूर की रिश्तेदार है हरिहर की, जो किसी धुँधले अतीत से भटकती हुई उनके जीवन में आ गई है। इन्दिर और दुर्गा के बीच जो पारस्परिक प्रेम का सूत्र है वह वृद्धा और बालिका के निश्छल सरल आनन्द की अनुभूति का चित्रण है, जिसमें आयु के अन्तर का कोई व्यवधान नहीं है।

'पाथेर पांचाली' में मृत्यु एक नितांत वैयक्तिक अनुभव है। पीशी के गीत की

भावभूमि दिनान्त की बेला में एक अकिंचन द्वारा नदी को पार करने का सन्दर्भ है। माझी को 'उतराई' देने के लिए उसके पास कुछ नहीं है। गीत जैसे जीवन के पार मृत्यु के तट पर पहुँचने का रूपक है। गीत का सारांश इस प्रकार है-

''वे जो बाद में आये पहले चले गये
मैं एक दीन अकिंचन हूँ,
मेरे पास तुम्हें देने के लिए कुछ नहीं है प्रभु
मैं एक अकिंचन हूँ
हे प्रभु, यह दिनान्त की बेला है
संध्या फिर आई है,
मुझे नदी के पार ले चलो मेरे माझी
हे प्रभु, दिन बीत गया है शाम हो गई है,
ले चलो मुझे नदी के पार।''

बागान के किनारे बाँस के झुरमुट के पास एकाकी, असहाय, आश्रय से निष्कासित वह वृद्धा- इन्दर ठाकरुन- वह अकिंचन, एक दिन नदी पार कर ही लेती है।

फिल्म में इन्दर ठाकरुन की भूमिका अस्सी वर्ष की वृद्धा चुन्नीबाला ने किया था,- जो पुराने रंगमंच की अभिनेत्री थीं।

सत्यजित राय ने इस फिल्म में चलचित्र शिल्प की सूक्ष्मतम एवं सर्वथा नवीन अभिव्यक्ति को यथार्थ जीवन की एक ऐसी भूमि पर स्पर्श किया, जहाँ पर पहुँच कर कोई भी कला सर्वोत्कृष्ट स्वरूप प्रदर्शित करती है। इस फिल्म के द्वारा मानवीय संवेदना की तीव्रतम अभिव्यंजना, राष्ट्र की सीमाओं का अतिक्रमण करती हुई अन्तर्राष्ट्रीय क्षेत्र में कुछ इस प्रकार से प्रवाहमान हुई कि इस फिल्म के आधार पर अन्तर्राष्ट्रीय चलचित्र उद्योग को, कला की दृष्टि से भारतीय चलचित्रों का महत्व स्वीकार करना पड़ा। इस फिल्म की लोकप्रिय कलात्मकता को इस बात से स्वीकार किया जा सकता है कि 1955 में राष्ट्रपति का स्वर्ण पदक इसे प्रदान किया गया तथा कान्स (फ्रांस) के चलचित्र महोत्सव में 'मानवता का बेहतरीन दस्तावेज' होने के नाते पुरस्कृत किया गया, बैक्यूवर समारोह में 1958 का सर्वोत्तम पुरस्कार और इसी वर्ष कनाडा फिल्म समीक्षकों ने उस पर प्रथम पुरस्कार प्रदान किया। साथ ही 1959 में न्यूयोर्क की एफ्रो-एशियन आर्ट थिएटर नामक संस्था ने भी उसे पुरस्कृत किया।

(ख) अपराजितो (1956)

'अपराजितो' भी विभूति भूषण बन्धोपाध्याय के उपन्यास पर ही आधारित फिल्म है। वास्तव में यह फिल्म 'पाथेर पांचाली' का अगला भाग था, जिसमें सत्यजित राय ने

अपनी कला का और विकास किया। 'अपराजितो' भारत में रिलीज हुई अक्तूबर 1956 में। 'पाथेर पांचाली' में अपू एक बालक है- अपनी बाल सुलभ क्रियाओं और कौतूहल से दर्शकों को अच्छा लगता है। 'अपराजितो' में वह वर्धमान बालक कहानी की तरह ही निरन्तर गतिशील है। वह बड़ा हो रहा है और जिज्ञासु है- वह नए अनुभवों के लिए बेचैन है। अपू के पिता पुरोहित थे। उनकी मृत्यु के बाद अपने पिता के पदचिह्नों पर चलना वह नहीं चाहता। पौरोहित्य के कर्मकांड की शिक्षा और अपू की बालकपन से किशोरावस्था की ओर बढ़ती उम्र की इच्छाओं का अन्तर्विरोध बड़ा कारुणिक है। वह माता सर्वजया से अनुरोध करता है कि पुरोहित कर्म की शिक्षा वह सुबह ले सकता है। उसके बाद गाँव के स्कूल जाने में कुछ बुराई तो नहीं है। अपू स्कूल जाता है। स्कूल में वह मेधावी छात्र है। फिर उच्च शिक्षा के लिए कोलकत्ता जाना चाहता है। सर्वजया चाहती है कि वह उसके पास ही रहे। बड़े होते ही अपू माँ से दूर होता जा रहा है, सर्वजया धीरे-धीरे यह समझने लगती है। यही फिल्म की भाषा में अत्यन्त प्रभावी ढंग से रूपायित हुआ है।

'अपराजितो' फिल्म में अपू के पिता की मृत्यु काशी में होती है और माँ की गांव में। दोनों की मृत्यु के सन्दर्भ एक दूसरे से भिन्न है। हरिहर का देहावसान एक आकस्मिक अप्रत्याशित-सी घटना है। उसके भटकाव भरे जीवन की वह स्वाभाविक परिणति है। सार्वजया की मृत्यु उनके जीवनव्यापी धैर्य और सहनशीलता का उपसंहार है। सत्यजीत राय ने एक बार कहा- ''लोग मुझसे पूछते हैं कि मेरी फिल्मों में इतनी मृत्यु क्यों है?'' उन्होंने स्वयं ही उत्तर दिया- क्योंकि जीवन में इतनी ही मृत्यु है।'

1957 के वेनिस फिल्मोत्सव का प्रथम पुरस्कार गोल्डन लॉयन ऑफ सेन्ट मार्क 'अपराजितो' को मिला। इसके साथ ही दो अन्य पुरस्कार और सम्मान भी मिले- क्रिटिक्स अवार्ड और सिनेमा नूवो अवार्ड।

(ग) अपूर संसार (1959)

फिल्म 'अपूर संसार', 'अपराजितो' उपन्यास के उत्तरार्द्ध पर आधारित है। 'पाथेर पांचाली', 'अपराजितो' और 'अपूर संसार'- ये हैं अपूत्रयी (ट्रिलोजी) फिल्में। 'अपूर संसार' वयस्क अपू की कहानी है। इस फिल्म की कथा है संघर्षशील बुद्धिजीवी अपू और एक अप्रत्याशित संयोग से मिली उसकी सीधी-सादी निरक्षर पत्नी अपर्णा का पारस्परिक सम्बन्ध। उसका जन्म एक सम्पन्न परिवार में हुआ है किन्तु वह संस्कारों से अपने पति की निर्धनता को सहज स्वीकार कर लेती है। कथा का दूसरा मुख्य प्रसंग अपर्णा की पुत्र-प्रसव के समय की मृत्यु से जुड़ा है। अपू अपने पुत्र के प्रति क्रोध और

उपेक्षा का भाव प्रदर्शित करता है। वह उसे अपर्णा की मृत्यु के लिए उत्तरदायी मानता है। वह निकल जाता है भटकने, संन्यासी की तरह। और कई वर्ष बाद पहली बार पुत्र से मिलता है। बाप और बेटे में फिर से स्नेह पैदा होता है। फिल्म के अन्त में ट्रेन से कटकर अपू आत्महत्या करने की कोशिश करता है। अकेला, विषण्ण, वह निरुद्देश्य भटकता है। अपने उपन्यास की पांडुलिपि के पृष्ठ भी वह हवा में उड़ा देता है। लगता है अपू के जीवन में मृत्यु की जैसे एक अनिवार्य मौजूदगी है, बचपन से ही- इन्दर, दुर्गा, पिता और माँ- और अब अपर्णा।

कथानक की नाटकीयता से भरी-पूरी 'अपूर संसार' की कहानी तकनीकी तौर पर मंजी हुई थी, इसलिए तीनों किस्मों में इसे सबसे ज़्यादा पसन्द किया गया और विश्व के सिनेमा में उसने अपने लिए एक अमिट स्थान बना लिया। 'अपूर संसार' देश और विदेश दोनों में ही दिल खोलकर पुरस्कृत हुई। उसे राष्ट्रपति का स्वर्णपदक मिला। लन्दन फिल्मोत्सव में 'अपूर संसार' को उद्घाटन के अवसर पर प्रदर्शित होने का सम्मान मिला। ब्रिटिश फिल्म थिएटर में यह फिल्म ब्रिटेन के सिनेमा प्रेमियों ने देखे जहाँ इसे 'सर्वाधिक मौलिक और कल्पना प्रवण' फिल्म के रूप में 'सदरलैंड सम्मान' मिला।

तीनों किस्तों का संगीत मशहूर संगीतकार रविशंकर ने बनाया था।

राय की अन्य फिल्में

1958 में बनी 'पारास पाथर' एक कॉमेडी है, जिसमें हास्य-व्यंग्य की प्रधानता है, तो 'जलसाघर' (1958) और 'देवी' (1960) पतनोन्मुख अन्धविश्वासी सामन्ती जीवन का चित्रण है। 'तीन कन्या' (1961) में अलग-अलग तीन कहानियों को लेकर उन्हें विभिन्न भावभूमियों पर चित्रित किया गया है, जिनसे मानसिक अन्तर्द्वन्द्व के स्थान दृश्यांकन अधिक किया गया है। 'कंचन जंगा' (1962) सत्यजित राय का पूर्णतः उन्हीं के द्वारा निर्मित चलचित्र था। इसमें एक अभिजात परिवार की प्रेम न कर पाने की विवशता पर चुभता हुआ व्यंग्य किया गया था। इसके अधिकांश संवाद अंग्रेज़ी में थे। इसलिए लोकप्रियता की दृष्टि से एक अच्छी फिल्म होते हुए भी यह असफल रही। 'अभिजात' (1962) में अनेक पात्रों एवं अनेक घटनाओं का समावेश किया गया था जिससे इस फिल्म का केवल मनोरंजन पक्ष ही उभर सका। 'महानगर' (1963) में बड़े-बड़े शहरों में बसने वाले मध्यवर्गीय और सीमित आय वाले एक परिवार की आकांक्षाओं का जीता जागता चित्र प्रस्तुत किया गया है, जिसमें नौकरी, बेकारी, परिवार की अनेक समस्याओं का चित्रण शुद्ध यथार्थवादी दृष्टि से किया गया है। रवीन्द्र नाथ की एक लम्बी कहानी पर आधारित फिल्म है

'चारुलता' (1964)। इस फिल्म का मूल कथ्य है-मन की भूख मनुष्य की समस्त अतृप्तियों से प्रमुख होती है। राज घराने की सीमित परिधि में जीने वाली चारुलता अपनी छोटी-सी परिधि में ही प्रत्येक वस्तु को विस्तृत करके देखना चाहती है। राय की अन्य फिल्मों से यह एकदम भिन्न एवं नवीन भावभूमि पर चित्रित की गयी थी। 'कापुरुष-ओ-महापुरुष' (1965) एक नई शैली का चलचित्र है। इसमें दो सर्वथा पृथक कहानियों को पूर्वार्द्ध और उत्तरार्द्ध में प्रस्तुत किया गया है। इन दोनों कहानियों में पात्रों की मनोदशा को बहुत ही तीव्रतम अभिव्यक्ति प्रदान की गई है। 'कापुरुष' में एक ऐसे व्यक्ति की कहानी है जो अपनी प्रेमिका को एक बार कायरतावश त्याग चुका है, पर परिस्थितिवश प्रेमिका से पुनः भेंट होने पर वह अपनी कायरता पर आवरण डालकर उसे अपनाना चाहता है। दूसरी कहानी 'महापुरुष' में ढोंगी साधुओं और महात्माओं की वास्तविकता की पोल खोली गई है। अपनी कहानी और पटकथा को लेकर राय ने 'नायक' (1966) फिल्म का निर्माण किया, जिसका केन्द्रीय पात्र बंगाली फिल्मों का श्रेष्ठ नायक है जो राष्ट्रपति का पुरस्कार लेने दिल्ली जा रहा है। फिल्म कलकत्ता से दिल्ली तक की एक ट्रेन यात्रा की कहानी है। गाड़ी की इस यात्रा में नायिका अदिति सेन गुप्ता (शर्मिला ठाकुर) नायक अरिन्दम (उत्तम कुमार) का इंटर्व्यू लेती है। अरिन्दम और अदिति के वार्तालाप और इंटर्व्यू, सात फ्लैशबैक के दृश्य और दो स्वप्नों के घटनाक्रम के माध्यम से अरिन्दम के व्यक्तिगत जीवन का एक समग्र चित्रण उभरता है। अदिति ने एक आकर्षक और प्रसिद्ध व्यक्ति की कमज़ोरियों, उसके जीवन के गोपनीय प्रसंगों के बारे में इतना सब कुछ जान लिया है कि जिससे पत्रकारिता की दृष्टि से एक ऐसी कहानी बन सकती है जो असामान्य होगी। किन्तु वह ऐसा नहीं करना चाहती। वह उन कागज़ों को फाड़कर फेंक देती है जिनमें एक सहानुभूतिपूर्ण श्रोता पाकर अरिन्दम ने अपना हृदय उंड़ेल दिया। वह पूछता है कि-''तुमने ऐसा क्यों किया, तो उत्तर मिलता है 'मैं उन्हें अपनी स्मृति में संजोकर रखूँगी।''

'चिड़िया खाना' (1967) राय की पहली जासूसी फिल्म थी। यह फिल्म शरदिन्दु बन्द्योपाध्याय की कहानी पर आधारित है। शरदिन्दु ने व्योमकेश बख्शी नामक जासूस को लेकर बहुत-सी कहानियाँ लिखी, जो काफी लोकप्रिय हुई। फिल्म में एक अभिनेत्री का गायब होना, एक जज की हत्या आदि का खोजबीन व्योमकेश बख्शी करता है और कत्ली को गिरफ्तार करने में सफल होता है। सत्यजित राय 'चिड़िया खाना' को सही अर्थ में अपनी फिल्म नहीं मानते। इस फिल्म के लिए उन्हें पश्चिम बंग सरकार का सर्वश्रेष्ठ निर्देशक का पुरस्कार मिला। 'गोपी गायन बाघा बायेन' (1968) एक फेंटेसी है। इस फिल्म का कथानक राय के पितामह उपेन्द्र किशोर रायचौधरी की, बच्चों के

लिए लिखी गई कथा से लिया गया है, जिसमें इस सीधी-सादी बाल कथा को राय ने एक महत्त्वपूर्ण युद्ध विरोधी कथानक बनकर प्रस्तुत किया।

'अरण्येयर दिन रात्रि' (1969) सुनिल गंगोपाध्याय के उपन्यास के आधार पर बनी फिल्म है। यह चार नौजवानों- असीम, संजय, हरिनाथ और शेखर- की कहानी थी जो शहरी जीवन से दूर कुछ दिन गुज़ारते हैं। कला की दृष्टि से यह फिल्म राय की उत्कृष्ट रचना मानी जाती है। फिल्म का एक चरित्र अरण्य भी है। 'प्रतिद्वन्द्वी' (1970) कलकत्ता महानगर की युवा पीढ़ी पर आधारित ऐसी फिल्म है जिसमें राय ने वर्तमान को समझने और उसे चित्रित करने की अपेक्षाकृत यथार्थवादी शैली अपनाई है। यह फिल्म भी सुनील गंगोपाध्याय की कहानी पर आधारित है। 'सीमाबद्ध' (1971) का नायक श्यामलेन्दु 'आधुनिक' है। वह युवा मैनेजर है, कलकत्ता की एक फैक्टरी में नौकरी शुरू करता है। एक 'समय खंड' तक अपने कार्य-कौशल से तरक्की पाता है। उसके बाद शराब की दावतों और हॉटलों में अपने सहयोगियों, वरिष्ठों को ले चलता है और अपनी अगली तरक्की लेता है। आगे चलकर वह किसी अनिवार्य अवसर पर फैक्टरी में तालाबंदी करवा देता है। एक मज़दूर से बम फिकवाता है जो मर जाता है जिससे फैक्टरी को जरूरी लाभ होता है और उसे बोर्ड आफ डायरेक्टर में स्थान मिल जाता है। अन्तिम दृश्य में जब नायक अपने फ्लैट पर लौटता है- खुश-खुश कि उसकी सर्वोच्च तरक्की हो गई है- वह सोफे पर बैठता है। दूसरे कमरे से उसकी स्नेहिता आती है। वह पास की कुर्सी पर बैठती है। संवाद चुप है। वह उसकी ओर देखता है फिर सिर नीचे करता है। लड़की उसे भेंट दी गई हाथ घड़ी को टेबल पर रखकर लौटाती है। घड़ी को टेबल पर रखने की खट की आवाज़ से नायक सिर उठाकर लड़की की ओर देखता है। उसी क्षण सत्यजित राय जादुई तरीके से लड़की को अदृश्य कर देते हैं। कौन है वह लड़की? शायद नायक की चेतना हो। अपनी चेतना को धोखा देकर ही वह तरक्की पर तरक्की पा सका है। 'अशनि संकेत' (1973) 1943 के भीषण दुर्भिक्ष के बारे में है, जिसमें लाखों लोग भूख से तडप-तडप कर मर गये थे। इस फिल्म को बर्लिन फिल्मोत्सव में गोल्डन बियर का सर्वोच्च पुरस्कार प्राप्त हुआ, राय को अपने दो दशक के सफल फिल्म जीवन का उपयुक्त पटाक्षेप है।

'शोनार केल्ला' (सोने का किला, 1974) राय की अपनी जासूसी कहानी पर आधारित है, जो बच्चों के लिए लिखी गई थी। कहानी का केन्द्रीय पात्र फेलूदा है, वह शरलैक हॉम्स की तरह जासूस है डॉक्टर वॉट्सन की तरह तोपसे उसका सहायक है। तोपसे की उम्र लगभग चौदह साल का है। इस दल का तीसरा सदस्य है जटायू जिनका असली नाम लाल मोहन गांगुली है।

'जन अरण्य' (1975) महानगर के जीवन को लेकर बनी राय की तीसरी फिल्म है। इसका नायक सोमनाथ मध्यवर्ग की सम्पूर्ण सुरक्षा और स्वप्नों में पला है। घर में उसके पिता, जो एक अवकाश प्राप्त अध्यापक हैं, और भाई और भाभी हैं। सोमनाथ अच्छी नौकरी की तलाश में है। एक दिन अचानक एक अधेड़ दोस्त मिल जाते हैं और वे सोमनाथ को सुई से लेकर हाथी तक के आर्डर और सप्लाई के धन्धे की राह बताते हैं। सोमनाथ भी एक ऐसा धन्धा शुरू कर देता है, असफल होता है। अन्त में सोमनाथ को एक धनी व्यवसायी गोपन मिलता है जो अपने प्रभाव से कुछ आर्डर दिलवा सकता है। लेकिन उसके लिए उसे एक लड़की चाहिए। सोमनाथ दुविधा में है- एक तरफ उसकी नैतिक वितृष्णा है और दूसरी तरफ उसका भविष्य। वह अपने दोस्त सुकुमार की बहन को गोयनका के होटल के कमरे में पहुँचा देता है। फिल्म के अन्तिम प्रसंग में वह घर लौटकर चुपचाप बैठे पिता को अपने आर्डर प्राप्त करने की सफलता का संक्षिप्त खबर देता है। सोमनाथ के घर के कुछ प्रसंग - खास तौर पर बिजली के न रहने पर भी मोमबत्ती की रोशनी में काम चलाने का प्रसंग-फिल्म कला और जन आरण्य की दुनिया की अपनी खास ज़रूरतों को ध्यान में रखते हुए बहुत महत्त्वपूर्ण है।

(घ) शतरंज के खिलाड़ी (1977)

प्रेमचंद की कहानी पर आधारित 'शतरंज के खिलाडी' सत्यजीत राय की एकमात्र हिन्दी फिल्म है। वास्तव में फिल्म की भाषा अधिकांश अवध की उर्दू है, लेकिन हिन्दी सिनेमा में हिन्दी-उर्दू का अलगाव नहीं है। प्रेमचन्द की कथा में राय ने अवध की संस्कृति के कलापक्ष को दिखाने के लिए कुछ परिवर्तन किये हैं। प्रेमचंद की कहानी तो अवध के अपकर्ष और अधोपतन की निन्दा से शुरू होती है। कहानी पिछली सदी के बीस के दशक में लिखी गई थी जब भारतीय राष्ट्रवाद और स्वाधीनता की भावना चारों ओर फैल रही थी। कहानी के प्रमुख पात्र दो नवाब हैं- मिर्जा सज्जाद अली और मीर रोशन अली ; नवाब वाजिद अली शाह की कोई भूमिका नहीं है और रेजिडेंट जनरल ऑटरम का तो जिक्र तक नहीं है। कहानी में शतरंज के बादशाह और अवध के बादशाह को लेकर व्यंग्य है। उस वक्त जब अवध के नवाब की अंग्रेज़ों को हाथ मात हो जाती है, ये दोनों नवाब अपने शतरंज के मोहरे बादशाहों को मात से बचाने के लिए शहर से भागकर एक गाँव में अपना खेल बरकरार रखते हैं। खेल-खेल में वे लड़ने लगते हैं और तलवार के द्वन्द्व युद्ध में एक-दूसरे को मार डालते हैं। राय ने इस अन्तिम दृश्य को निकाल दिया है। उन्हें लगा कि यह प्रतीक बन जायेगा। तलवारबाजी में दोनों योद्धा मारे जाएँ- यह

भी अस्वाभाविक लगता है। फिल्म के प्रारम्भ में उन्होंने अवध के शासकों और उनके अंग्रेज़ों से सम्बन्ध के संक्षिप्त ऐतिहासिक अभिभाषण के रूप में एक पूर्व रंग भी जोडा है। राय ने फिल्म में दो अन्य चरित्रों का समावेश किया है। पहला है मुंशी नन्दलाल- शतरंज के खिलाडियों का दोस्त जो लखनाऊ की हिन्दू-मुस्लिम एकता का प्रतीक है और नवाबों को शतरंज की ब्रिटिश शैली के मूल सिद्धान्त समझाता है। दूसरा है गाँव का लड़का कल्लू। फिल्म में एक क्षेपक है जो कहानी में नहीं है और वह है मीर साहब की बेगम का प्रेम प्रसंग।

सत्यजित राय की पहली हिन्दी फिल्म साधारण फिल्म ही बनकर रह गयी।

'जय बाबा फेलू नाथ' (1978) राय की एक जासूसी कहानी पर बनाई फिल्म है। इस फिल्म के तीन प्रधान चरित्र हैं जो 'शोनार केल्ला' में थे। कहानी बनारस की है और गणेश की एक सोने की मूर्ति की चोरी के रहस्य को लेकर है। 'हीरक राजार देशे' (1980) के प्रमुख पात्र गूपी और बाघा है। 'घरे बाइरे' (1984) रवीन्द्रनाथ टागोर के उपन्यास पर आधारित फिल्म है। 'गणशत्रु' (1989) इब्सन के प्रसिद्ध नाटक 'एन एनिमी ऑफ द पीपिल' का फिल्मी रूपान्तरण है। फिल्म की कहानी एक छोटे शहर के एक डॉक्टर की कहानी है। उन्हें पता लगता है कि स्थानीय मन्दिर में पवित्र जल का प्रसाद के रूप में वितरित होने वाला जल प्रदूषित हो गया है और उससे हैजा फैल रहा है। वह चाहता है कि लोग उसे न पियें और नगरपालिका के प्रबन्धक उसे शुद्ध करने के लिए क़दम उठाए। शहर का मेयर डॉक्टर का भाई है। वह इस भंडाफोड़ से नाराज़ है और उसे दबाने का प्रयत्न करता है। 'शाखा प्रशाखा' (1990) परिवार के आन्तरिक सम्बन्धों और मूल्यबोध में आय परिवर्तन की कहानी है। इसमें राय ने अधिक़ विश्वास, आत्मीयता और कल्पनाशीलता से सत्तर साल के आनन्दमोहन मजूमदार के मोहभंग और पीड़ा को फिल्माया है। कुछ दृश्यों में आनन्द मोहन के चेहरे पर राय की अपनी झलक नज़र आती है।

सिनेमा के इतिहास में 'आगन्तुक' (1991) को राय की आखिरी फिल्म के रूप में जाना जाएगा। इसके लिए उन्होंने अपनी एक कहानी 'अतिथि' चुनी जो मूल रूप में बच्चों के लिए लिखी गई थी। इस फिल्म को सर्वश्रेष्ठ फिल्म और सर्वश्रेष्ठ निर्देशक का पुरस्कार मिला।

प्रसिद्ध अभिनेत्री नर्गीस दत्त ने एक बार सत्यजित राय पर यह आरोप लगाया कि वे अपनी फिल्मों के ज़रिए भारत की गरीबी का विदेशों में व्यापार कर रहे हैं। राय ने गरीबी को कुछ ही फिल्मों में मुख्य विषय बनाया है। लेकिन लोग यह भूल जाते हैं कि 'पाथेर पांचाली' के बाद 'जलसा घर', 'चारुलता', 'अरण्येर दिन रात्रि' आदि राय की अनेक बहुचर्चित फिल्में तथा कथित गरीबी से सीधा सम्बन्ध नहीं रखती रही हैं। साथ

ही सभी अच्छी फिल्मों में एक बड़े कलाकार की प्रतिभा को हम पाते हैं। अपने लम्बे फिल्म जीवन में उन्होंने कुछ औसत और खराब फिल्में भी बनाई हैं, किन्तु यह निर्विवाद है कि भारतीय जीवन को राय ने बहुत विविधता और गहराई में देखने की कोशिश की है।

जापान के मशहूर फिल्मकार अकीरा कुरोसावा ने कहीं कहा था- ''सत्यजित राय की फिल्मों को न देखने का मतलब इस दुनिया में सूर्य या चंद्रमा के अस्तित्व को जाने बिना रहने जैसा है।''

2. ऋत्विक घटक

बंगला चलचित्रों को एक सर्वथा नवीन दृष्टि प्रदान करनेवालों में ऋत्विक घटक का नाम बड़े आदर से लिया जाता है। उनकी पहली फिल्म है 'नागरिक' (1952-53)। इप्टा (IPTA) के सामूहिक जोश में बनी 'नागरिक' के लिए किसी ने पैसे नहीं माँगे थे- स्टुडियो, लैब, रॉ-स्टॉक सभी कुछ मुफ्त में था। लेकिन 'नागरिक' असंख्य दर्शकों तक न पहुँच पायी। 25 साल तक वह छिपी रही और घटक के निधन के बाद ही सामने आ पाई। 1958 में घटक ने 'अजांत्रिक' बनाई। सत्यजित राय की 'पाथेर पांचाली' और 'अजांत्रिक' ने दरअसल आज़ादी के बाद के नये सिनेमा की नींव रखी। 'अजांत्रिक' रिलीज़ भी हुई। विदेशी फिल्म विद्वानों ने उसे सराहा भी। पर दोनों ही स्तरों पर घटक को वे चीज़ें नहीं मिलीं जो

उन्हें आत्महत्या की मनःस्थिति या शराब से दूर रखती। यह एक जाना-माना तथ्य है कि 'अजांत्रिक' के रिलीज़ होने के बाद ही घटक शराब बहुत पीने लगे थे। 'अजांत्रिक' का सीधा सादा अर्थ है जो यंत्र नहीं है। इस फिल्म में भारतीय जीवन की विचित्र और संवेदनशील झाँकियाँ प्रस्तुत की गई थीं, जिनमें भारतीय पक्षों को सर्वथा एक अनोखे रूप से चित्रित किया गया है। इससे घटक की फिल्मों में प्रसंगों की एक नई शैली दिखाई पड़ती है। 'अजांत्रिक' में एक कस्बे में रहनेवाले टैक्सी ड्राइवर की जीवन घटनाओं को संजोया गया है। टैक्सी ड्राइवर अपनी टूटी-फूटी टैक्सी से बहुत प्रगाढ़ स्नेह सम्बन्ध रखता है। औरों की दृष्टि में टैक्सी यद्यपि एक यंत्र से अधिक कुछ नहीं है, पर ड्राइवर बिमल की दृष्टि में वह जीवन्त है, उसमें प्राण है। इसलिए वह उसके

साथ मनुष्यों का-सा संवेदनशील और मानवीय व्यवहार करता है। बंगला और बिहार की सीमा पर रांची शहर में वह टूटी-फूटी टैक्सी भांति-भांति के यात्रियों को लाती-ले जाती है। लेकिन अन्त में जब टैक्सी बिलकुल टूट-फूटकर अचल हो जाती है, तब विवशतावश बिमल लोहे के कबाड़ की कीमत पर उसे बेच डालता है। बिमल के अन्तसंघर्ष को ऋत्विक घटक के कुशल निर्देशन ने बड़ी सुन्दरता के साथ उभारा है। सरल आदिवासियों के मध्य अपनी धुन में मस्त टैक्सी ड्राइवर और टूटी-फूटी टैक्सी जगद्दल की यह अनोखी दुनिया, एक ऐसे जीवन का चित्र उपस्थित करती है जो सर्वथा विचित्र है और मर्म को स्पर्श करती है।

घटक के अन्य चलचित्रों में 'मेघे ढाका तारा', 'कोमल गांधार' और 'सुबर्ण रेखा' देश के विभाजन के फलस्वरूप विस्थापित लोगों की कहानी है। 'मेघे ढाका तारा' (1960) में रिफ्यूजी कालोनी के एक प्राथमिक शिक्षक की लड़की नीता के उत्तरदायित्व और उसके भाई शंकर के स्नेह का सुन्दर चित्रण किया गया है। घटक की एक ही फिल्म असंख्य दर्शको को उकसा सकी, उन्हें उत्तेजित कर सकी- वह है 'मेघे ढाका तारा'। 'कोमल गान्धार' में अंग-विभाजन के बाद स्वाधीनता के प्रारम्भ में छाई हुई गहरी राजनीतिक हताशा का सुन्दर चित्रण किया गया है। इसके पात्र कुछ जागरूक लड़के-लड़कियाँ हैं, जो देश विभाजन के बाद की समस्याओं को लेकर एक कलात्मक नाटक खेलना चाहते हैं, पर धनाभाव, व्यक्तिगत ईर्ष्या, स्वार्थी मनोवृत्ति आदि के प्रभाव से वे सफल नहीं हो सके। 'सुवर्ण रेखा' विभाजन के बाद एक नये परिवेश में जीने के इच्छुक पात्रों की कहानी है।

1976 में ऋत्विक घटक का निधन हुआ। लेकिन भारतीय सिनेमा के इस अद्‌भुत व्यक्तित्व ने अपनी प्रतिभा के अनुकूल वातावरण बहुत कम पाया।

3. मृणाल सेन

सत्यजित राय के अतिरिक्त बंगला चलचित्र उद्योग में कथात्मक, कलात्मक और यथार्थ मोड़ प्रस्तुत करने वाले अन्य महत्त्वपूर्ण चलचित्र निर्देशकों में मृणाल सेन का नाम विशेष रूप से उल्लेखनीय है।

मृणाल सेन ने एक बार कहा- एक कलाकार को यह स्वाभाविक अधिकार है कि वह अपने चारों ओर निरपेक्ष होकर देखे और अपनी भावनाओं को अपने माध्यम की भाषा द्वारा अभिव्यक्त करे। इसके लिए विषय का चयन उसकी सबसे बड़ी कसौटी है। 'चयन' की क्रिया फिल्म ही नहीं, कला के प्रत्येक माध्यम के लिए ज़रूरी है। एक फिल्म निर्देशक जब कि कहानी, घटना, चरित्र, भावना या रस का चित्रण करता है तो उसे इसी 'चयन' की क्रिया-प्रक्रिया की विभिन्न अवस्थाओं से गुज़रना पडता है। एक निर्देशक, जब बिम्बों और ध्वनियों का चयन करके सिनेमा के पर्दे पर कहानी या घटना या पात्र या रस या भावना

आदि को प्रस्तुत करता है तो दर्शक को रसानुभूति होती है। मृणाल सेन के चलचित्र 'नीले आकाशेर नीचे', 'आकाश कुसुम', 'बेशे श्रावण', 'प्रोतिनिधि', 'पुनश्च', 'एक दिन प्रतिदिन', 'अकालेर संधाने', 'खारिज', 'इन्टर्व्यू', 'कलकत्ता - 71', 'पदानिक' और 'कोरस' आदि में दर्शक ऐसी ही रसानुभूति करते है। नये शिल्प का प्रयोग करने की ललक इन फिल्मों में दिखलाई पड़ती है। 'बेशो श्रावण' बंगाल के अकाल की छाया में रेलगाडी में सस्ते दामों पर चीज़ें बेचनेवाले एक ऐसे व्यक्ति की कहानी है, जो काफी सोचने और समझने के बाद अपनी विषम आर्थिक परिस्थितियों की परवाह न करते हुए सोलह साल की एक सुन्दर लडकी से विवाह कर लेता है। अकाल का भयानक प्रभाव इस फिल्म में सजीवता से उभारा गया है। 'प्रोतिनिधि' रोमा नाम की एक विधवा लड़की की जीवन घटनाओं पर आधारित फिल्म है। 'पुनश्च' में सुबोध और बसन्ती नाम के दो युवा प्रेमियों की कथा को चित्रित किया गया है। इसमें पात्रों की मनःस्थिति का सुन्दर चित्रण किया गया है। 'कोरस' (1974) और 'अकालेर संधाने' (1980) को सर्वश्रेष्ठ फिल्म के स्वर्णकमल मिले थे।

4. बुद्धदेव दास गुप्ता

सत्यजित राय और ऋत्विक घटक की परम्परा को आगे बढ़ाने वाले निर्देशक है बुद्धदेव दास गुप्ता। दो दशक से भी ज़्यादा समय से फिल्म निर्माण में सक्रिय बुद्धदेव की फिल्में अपनी जटिलताओं की वजह से देश-विदेश के फिल्म समीक्षकों व प्रबुद्ध दर्शकों के लिए आकर्षण का विषय बनती रही हैं। 'दूरत्व', 'नीम', 'अन्नपूर्णा', 'दहादेर कथा', 'लाल दरजा' और 'चराचर' सरीखी फिल्मों ने देश-विदेश में दर्जनों पुरस्कार हासिल किये हैं। 'बाघ-बहादुर', 'लाल दरजा' और चराचर सर्वश्रेष्ठ फिल्म का राष्ट्रीय पुरस्कार जीत चुकी हैं। 1999 का सर्वश्रेष्ठ निर्देशन का राष्ट्रीय पुरस्कार उनकी 'उत्तरा' के हिस्से में आया। इस फिल्म में जीवन के विभिन्न तत्वों, रूपकों, प्रतीकों एवं लोक कलाओं का ताना-बाना बुनने के लिए दिया गया है। निर्देशक ने इस धूर्त युग में मानवता की परिभाषा पर प्रश्नचिह्न भी लगाया है।

सीन 7

दक्षिण भारत की भाषाओं में रूपक फिल्मों का जन्म

भारतीय संविधान में जिन भाषाओं का उल्लेख प्राप्त होता है, उन्हीं में से कतिपय भाषाओं पर प्रमुख रूप से चलचित्रों का निर्माण किया गया है।

दक्षिण में, तेलुगु-चलचित्रों का इतिहास 1920 में रघुपति वेंकय्या नायडू की 'स्टार आफ दि ईस्ट फिल्म्स' नामक संस्था की स्थापना और उन्हीं के पुत्र आर. प्रकाश के प्रथम मूक चलचित्र 'भीष्म प्रतिज्ञा' से प्रारम्भ होता है। दक्षिण भारत के इसी चलचित्र को मूक होने के कारण तेलुगु, तमिल आदि अन्य दक्षिणी-भाषाओं का प्रथम चलचित्र कहा जा सकता है।

जिस समय इस चलचित्र का निर्माण किया गया था, उस समय आधुनिक पद्धति पर निर्मित स्टुडियोज नहीं थे। 1920 तक के दशक में आर. प्रकाश, सी. पुल्लय्या और वे.वी. राव ने 'गजेन्द्र मोक्ष', 'नन्दनार', 'कन्यका परमेश्वरी', 'विष्णु लीला' आदि पौराणिक फिल्मों का निर्माण किया। इन मूक चलचित्रों के निर्माण में तेलुगु भाषा-भाषी लोग ही कार्यरत थे। हिन्दी चलचित्रों की ही भांति तेलुगु चलचित्रों का सवाक युग 1931 में हुआ। बम्बई की कृष्णा मूवीटोन के बैनर में निर्मित 'प्रह्लाद' ही तेलुगु भाषा की पहली सवाक फिल्म है। निर्माता थे एच.एम. रेड्डी। मूक चलचित्रों के समय से ही रेड्डी मुंबई में कार्य करते थे। रेड्डी को तेलुगु सवाक फिल्मों का जनक कहा जाता है।

1931 से ही तमिल भाषा के चलचित्रों का श्रीगणेश होता है। भारत के प्रथम सवाक चलचित्र (आलम आरा) को प्रदर्शित करने वाली 'इम्पीरियल फिल्म कम्पनी' के लिए एक अन्य गौरव की बात यह है कि तमिल भाषा का प्रथम चलचित्र 'कालिदास' भी इसी संस्थान ने निर्मित किया था। इस चलचित्र के संवाद तमिल भाषा में और गीत तेलुगु भाषा में स्वरबद्ध किये गये थे।

कन्नड़ चलचित्र निर्माण के प्रयत्न मूक युग में ही प्रारम्भ हो गये थे। ये प्रयत्न पहली बार 1929 में बंगलौर में निर्मित एम. भवनानी के मूक चलचित्र 'मृच्छ कटिकम्' के प्रदर्शन से होता है। यह चलचित्र न केवल भारत में, बल्कि विदेशों में भी अत्यन्त

लोकप्रिय हुआ। 1934 में दो धार्मिक फिल्में साथ-साथ बनकर तैयार हुईं - 'सती सुलोचना' (साउथ इंडिया मूवीटोन, बम्बई) और 'भक्त ध्रुव' (जयवाणी फिल्म्स, बम्बई)। इन में 'सती सुलोचना' पहले प्रदर्शित हुआ था, परन्तु 'भक्त ध्रुव' का निर्माण-कार्य क्योंकि पहले प्रारम्भ किया गया था, इसलिए 'भक्त ध्रुव' को कन्नड-चित्रपट का प्रथम सवाक चलचित्र स्वीकार किया जाता है।

मलयालम सिनेमा का इतिहास

दक्षिण भारत में प्रादेशिक चलचित्रों में मलयालम सिनेमा का प्रारम्भ थोडा विलम्ब से हुआ। मॉडर्न थियेटर्स, मद्रास द्वारा निर्मित 'बालन' (1938) मलयालम की प्रथम सवाक फिल्म है। इससे पहले 'विगत कुमारन', 'मार्ताण्ड वर्मा' आदि दो फिल्मों का निर्माण यहाँ हुए थे। लेकिन ये दोनों मूक फिल्म थीं।

'बालन' का निर्देशक एस.नोट्टाणी एक पार्सी है। 'दूसरी माँ की क्रूरता' ही इस फिल्म की विषय वस्तु है। अविश्वसनीयता से भरी इस फिल्म की कहानी में अंग्रेज़ी तथा हिन्दी फिल्मों का सतही और तमिल फिल्मों का गहरा प्रभाव स्पष्ट है।

मलयालम का दूसरा चलचित्र 'ज्ञानाम्बिका' (1940) श्यामला पिक्चर्स, मद्रास ने निर्मित किया। यह फिल्म सी. माधवन पिल्लै के उपन्यास पर आधारित थी। 1941 में निर्मित एकमात्र चलचित्र 'प्रह्लाद' धार्मिक था। के. सुब्रह्मण्यम के निर्देशन पर बनी इस फिल्म के नायक मशहूर नर्तक गुरुगोपीनाथ थे ; नायिका उसकी पत्नी तंकमणि थीं। 1941 के बाद 1947 तक कोई भी मलयालम चलचित्र निर्मित नहीं किया गया और फिर 1948 में 'निर्मला' (केरला टाकीज़ लिमिटेड, मद्रास) तथा 1949 में 'वेल्लि नक्षत्रम' (उदया स्टुडियो, आलप्पुषा, केरल), एक-एक चलचित्र निर्मित किया गया, जिनकी कथावस्तु पूर्णतः सामाजिक थी। 'निर्मला' के द्वारा ही मलयालम फिल्म नयी-नयी तकनीकों के प्रथम सोपान पर आयी है। इस फिल्म के पहले अभिनेता ही स्वयं गीत गाकर अभिनय करते थे। संगीतकार पी.एस. दिवाकर और ई.के. वारियर ने पार्श्वगायन (playback singing) 'निर्मला' से शुरू कर दिया था, जिसमें अभिनेता की अपनी या अन्य आवाज़ में गाया गाना पहले ही रिकार्ड कर लिया जाता था। पी. लीला, गोविंद राव और सरोजिनी.सी इस फिल्म के गायक थे। बाद में गोविंद राव और सरोजिनी ने गाना छोड़ दिया लेकिन पी.लीला जारी रहकर मशहूर गायिका बनी। उस समय तक प्रदर्शित फिल्मों में सबसे भावुकत्व देने वाली फिल्म 'निर्मला' ही थी। गरीब होने के बावजूद देखने में खूबसूरत निर्मला ही इस फिल्म की नायिका थी। एक बार अपनी बहन के लिए चोरी करने में वह विवश हो जाती है; जेल में बन्द की गई निर्मला पर पुलिस

अफसर रघु अनुरक्त होता है। गलतफहमियों के दूर हेते ही दोनों पति-पत्नी बन जाते हैं।

1949 में ही केरल में, मलयालम चलचित्र निर्माण के प्रति कतिपय लोगों ने उत्साह दिखलाया और इस उत्साह का परिणाम यह हुआ कि 1950 में छः मलयालम फिल्मों का प्रदर्शन किया गया, जिनमें पक्षीराज स्टुडियो, कोयम्बत्तूर की 'प्रसन्ना' अत्यंत लोकप्रिय हुई शेष चलचित्र है- 'चन्द्रिका' (श्रीकृष्णा प्रोडेक्शन्स, मद्रास) , 'चेची' (कैलास पिक्चर्स, मद्रास), 'नल्ल तंका' (के एण्ड के प्रोडेक्शनस, आलप्पुषा), 'शशिधरन' (कैलास पिक्चर्स, मद्रास) और 'स्त्री' (कोमल पिक्चर्स)।

मलयालम फिल्म-जगत के एक युग स्रष्टा थे के.वी.कोशि। कुंजाको के साथ मिलकर के.एण्ड.के. प्रोडेक्शन्स कै बैनर में उन्होंने 'नल्ल तंका' (1950), 'जीवित नौका' (1951), 'विशप्पिन्टे विलि' (1952) जैसी फिल्मों का निर्माण किया। 'पुत्र धर्मम्' (1954) और आत्मार्पण (1956) उन्होंने 'फिल्म को.' के बैनर में निर्मित फिल्में हैं। मलयालम में फिल्म पत्रकारिता का शुभारम्भ भी उन्होंने किया- 'सिनेमा' नामक फोर्टनाइट के द्वारा (1939)। तमिल फिल्म 'नल्ल तंकाल' पर आधारित 'नल्ल तंका' में दर्शकों को आँसू में डुबोने वाले कई दृश्य थे। फिल्म की शीर्षक-भूमिका मिस कुमारी ने की थी, नायक था अगस्तिन जॉसफ और निर्देशक पी.वी. कृष्ण अय्यर। मशहूर हास्य अभिनेता एस.पी. पिल्लै ने पहली बार इस फिल्म से ही सिनेमा-जगत में पदार्पण किया।

मलयालम में सबसे पहले एक नाटक पर फिल्म बनाने की कोशिश 'स्त्री' नामक नाटक से हुई। नाटक की रचना तिक्कुरिश्शी सुकुमारन नायर ने की। इस नाटक का फिल्मी रूपान्तर का संवाद और गीत रचना भी उन्होंने ही किया। नायक राजन एक वेश्या की पुत्री सुषमा से शादी करता है। उसे परम्परा से मुक्त करना उसका लक्ष्य था। लेकिन वह हार गया। सुषमा कइयों की संगिनी बनी। पति-पत्नी में अलगाव आया। बाद में राजन ने अपनी संतान की हत्या स्वयं की।

'शशिधरन' और 'चेची' इन दोनों फिल्मों का कहानीकार एन.पी. चेल्लप्पन नायर थे। कोट्टारक्करा श्रीधर नायर की पहली फिल्म है 'शशिधरन'। एक सस्पेन्स फिल्म है 'चेची'।

पक्षीराजा प्रोडेक्शन्स की पहली मलयालम फिल्म है 'प्रसन्ना'। श्रीरामुलु नायडु के निर्देशन पर बनी इस फिल्म का पटकथाकार है मुंशी परमुपिल्लै। प्रसिद्ध नर्तकियाँ, जो ट्रावनकोर सिस्टर्स (बहनें) के नाम से भी अत्यधिक प्रसिद्ध है- ललिता, पद्मिनी, रागिनी ने 'प्रसन्ना' में प्रथम बार अपने नृत्यों का प्रदर्शन करके दर्शकों की अपार लोकप्रियता प्राप्त की। (बाद में पद्मिनी और रागिनी हिन्दी-चलचित्रों में और भी अधिक लोकप्रिय बनीं) नायिका प्रसन्ना को नौकर के बेटे अय्यप्पन से हुआ प्रेम और उससे

सम्बन्ध गतिविधियां इस फिल्म का मूल विषय है। एक गीतकार के रूप में पी. भास्करन की पहली फिल्म है 'चन्द्रिका'।

1950 के पश्चात मलयालम चित्रपट में कुछ स्थायित्व आ गया परिणाम स्वरूप 1951 में छः, 1952 में दस, 1953 में सात, 1954 में नौ और 1955 में छः चलचित्रों का निर्माण किया गया, जिनमें अधिकांश चलचित्र सामाजिक विषयों को लेकर ही निर्मित किये गये थे। इस समय के चलचित्रों के विषय की यह विशेषता है कि यद्यपि मलयालम-चलचित्रों का व्यापारिक क्षेत्र बहुत सीमित है, परन्तु केरल-प्रदेश के ये चलचित्र अपनी मूल्यवान कलात्मक तथा साहित्यिक परम्परा के लिए अत्यधिक प्रसिद्ध हैं।

1951 में यह साबित हुआ कि मलयालम फिल्म-जगत की एक औद्योगिक नींव है। इस साल प्रदर्शित 'जीवित नौका' बॉक्स ऑफिस पर जबरदस्त हिट हुई। के.एण्ड.के प्रोडेक्शन्स के बैनर में निर्मित इस फिल्म का निर्देशक के. वेम्पू थे। यह फिल्म त्रिवेन्द्रम के एक थियेटर में लगातार 284 दिन चली। यह चलचित्र तमिल, तेलुगु और हिन्दी में भी निर्मित किया गया। 'जीवित नौका' के अलावा 'नवलोकम' (पोपुलर प्रोडेक्शन्स), 'रक्त बंधम्' (जयभारत पिक्चर्स), 'वनमाला' (वी.एण्ड वी. प्रोडेक्शन्स), 'याचकन्' (कैरली प्रोडेक्शनस), 'केरल केसरी' (स्टार कांबइन्स) आदि फिल्में भी इसी साल प्रदर्शित हुईं। इनमें एक अलग पहचान देने वाली तीन फिल्में हैं - 'नवलोकम्', 'वनमाला' और 'याचकन्'।

1952 में मलयालम सिनेमा ने दो अभिनेताओं का परिचय कराया - महान अभिनेता सत्यन और सदाबहार हीरो प्रेम नज़ीर। प्रेम नज़ीर की पहली फिल्म थी 'मरुमकल्' और सत्यन की 'आत्म सखी'। 1952 की और एक महत्त्वपूर्ण घटना मरिलाण्ड स्टुडियो (त्रिवेंद्रम) का उद्घाटन है। अधिकांश मलयालम चलचित्रों का निर्माण इन दोनों- उदया और मरिलाण्ड - छाया-केन्द्रों (स्टुडियोज़) में ही किया जाता था। वैसे कुछ चलचित्रों का निर्माण मद्रास के छाया-केन्द्रों में भी किया जाता था। एक व्यवसाय के रूप में मलयालम सिनेमा को बढाने में इन दोनों संस्थाओं का स्थान कम महत्त्व का नहीं है।

1952 में दस फिल्में निकलीं- 'अम्मा' (के.एण्ड के. प्रोडेक्शन्स), 'आत्मशांति' (सिटडल), 'कांचना' (पक्षीराजा), 'आत्म सखी' (नीला), 'विशप्पिन्टे विलि' (के.एण्ड के.), 'प्रेम लेखा' (अरविन्द प्रोडक्शन), 'मरुमकल्' (एं.पी. प्रोडेक्शन), 'अलफोन्सा' (जियो) और 'अच्छन्' (उदया)। 1953 में सात फिल्में रिलीज़ हुईं- 'आशा दीपम्', 'जनोवा', 'लोकनीति', 'पोन्कतिर', 'शरियो-तेट्टो', 'तिरमाला' और 'वेलक्कारन्'। 'शरियो-तेट्टो' का पटकथाकार और निर्देशक तिक्कुरिश्शी सुकुमारन नायर है।

'जिनोवा' में तमिल सिनेमा के सूपर स्टार एम.जी. रामचंद्रन ने अभिनय किया।

1954 की सर्वश्रेष्ठ फिल्म है चन्द्रतारा प्रोडेक्शन की पहली फिल्म 'नीलक्कुयिल'। इस फिल्म के निर्माता परीक्कुट्टी ने कई हस्तियों को मलयालम फिल्म जगत के लिए परिचित कराया। निर्देशक के रूप में रामु कार्याट, पी. भास्करन ('नीलक्कुयिल' का निर्देशन इन दोनों ने मिलकर किये), कैमरामैन विनसेन्ट, अभिनेता मधु, साहित्यकार उरूब, पोट्टेक्काट, बशीर आदि। परीक्कुट्टि द्वारा निर्मित अन्य फिल्में हैं- 'रारिच्चन एन्न पौरन', 'नाटोटिकल', 'मूड़ुपटम्', 'मुटियनाया पुत्रन', 'तच्चोलि ओतेनन', 'भार्गवी निलयम्', 'कुञ्ञालि मरक्कार' और 'आलमरम'। इनमें 'नीलक्कुयिल' (1954), 'मुटियनाया पुत्रन' (1961), 'तच्चोलि ओतेनन' (1964), 'कुञ्ञालि मरक्कार' (1967) को राष्ट्रपति का रजत-पदक मिला था। 'नीलक्कुयिल' की खासियत यह है कि इसमें सोलहों आना केरलीयता की झलक थी, दैनिक जीवन से चुने गये पात्र एवं उनके राग-विराग का सजीव चित्रण था। इसमें एक ऐसी युवती (नीली) की दुखभरी प्रणय-कथा थी, जो जाति से हरिजन थी और एक ऊँची जाते कि श्रीधरन मास्टर से प्रेम करती थी।

'सी.आई.डी.', 'अनियत्ती', 'हरिश्चन्द्र', 'किटप्पाडम्', 'कालम मारुन्नु' और 'न्यूस पेपर व्याय'- 1955 में प्रदर्शित फिल्में हैं ये। 'हरिश्चन्द्र' का पौराणिक-कथानक लगभग सभी प्रादेशिक भाषाओं के चलचित्रों में निर्मित किया गया है। 'न्यू पेपर व्याय' (आदर्श कला मन्दिर) केरल के छात्र-शिल्पिकों का एक महत्त्वपूर्ण प्रयोग था, जिसे बिना किसी बड़े स्टुडियो, कलाकारों तथा धन की सहायता से निर्मित किया गया थी, इस चलचित्र के निर्माण से केरल के छात्रों तथा बौद्धिक पक्ष की प्रगतिवादी विचारधारा का अनुपम उदाहरण प्रस्तुत होता है। निर्देशक पी. रामदास की कहानी 'कम्पोजिटर' पर आधारित फिल्म है 'न्यूज पेपर व्याय'। एक लड़का (मास्टर मोनी) ही इस फिल्म का नायक है।

रामू कार्याट

फिल्म जगत में पदार्पण करने के पहले रामू कार्याट साहित्यकार थे, फिल्म आलोचक थे। मलयालम सिनेमा से उनका सम्बन्ध 'तिरमाला' (1953) नामक फिल्म के सहायक के रूप में होता है। 'नीलक्कुयिल' (1954) फिल्म से पी.भास्करन के साथ ये निर्देशक बन गये। इस फिल्म की सफलता के बाद 'मिन्नामिनुंगु' (1957) का निर्माण किया, जो बुरी तरह असफल हुई। संगीत निर्देशक बाबुराज की पहली फिल्म है 'मिन्नामिनुंगु'।

कार्याट की अगली फिल्म है 'मुटियनाय पुत्रन्' (1961 - चन्द्रतारा प्रोडेक्शन) यह एक ऐसे व्यक्ति की कहानी है, जिसे सही मार्ग से भटका दिया गया है। प्रेम में असफलता, श्रमिक वर्ग की हड़ताल, मारपीट और पुलिस की घरपकड़ के मध्य दो भाइयों से सम्बन्धित यह कहानी भटके हुए युवकों को कुपथगामी होने से रोकती है। तोप्पिल भासी के नाटक पर बनी इस फिल्म में नायक की भूमिका में सत्यन ने उम्दा अभिनय प्रस्तुत किया है। एस.के.पोट्टेक्काड की रचना पर आधारित 'मूटुपटम्' ('पर्दा' 1963) नेशनल इन्टग्रेशन पर बल देने वाली फिल्म है। इसका नायक अप्पुक्कुट्टन दूसरों को सहायता देने के लिए अपने मन का दरवाज़ा खुला रखता है। इसका परिणाम यह निकला कि आत्म त्याग करने के लिए वह विवश होता है। नायक का किरदार मधु ने किया। मधु की पहली फिल्म थी 'निणमणिञ कालपाटुकल' (1961)।

अंतर्राष्ट्रीय स्तर का मलयालम उपन्यास 'चेम्मीन' (1965), जिसके लेखक है तकषी शिवशंकर पिल्लै, को रामु कार्याट ने चलचित्र के रूप में प्रस्तुत किया, जिसे राष्ट्रपति का स्वर्ण पदक प्रदान किया गया। मछुआरे की ग्रामीण संस्कृति की पृष्ठभूमि पर बनी इस फिल्म में परीक्कुट्टि से प्रणय करने वाली करुत्तम्मा पिता चेंबनकुञ्ञु के हठ के कारण पलनी की पत्नी बनती है। लेकिन करुत्तम्मा का दिल सदा परीक्कुट्टि के साथ रहता है। मछुआरों के बीच प्रचलित विश्वास है कि पत्नी यदि सती-साध्वी नहीं होती तो कटलम्मा (समुद्र माँ) मछुआरे को निगल लेगी। फिल्म के अन्त में ऐसा भी चित्रण हुआ है। स्वर्ण पदक प्राप्त दक्षिण भारत की पहली फिल्म है 'चेम्मीन'। 'चेम्मीन लहरें' नाम से इस फिल्म को 1981 में हिन्दी में डब किया गया था।

कार्याट की अगली फिल्म 'एषु रात्रिकल्' (1968), जो कालटि गोपी के उसी नाम के नाटक पर आधारित है, को एक प्रयोगवादी फिल्म कहना उचित है। सभी अभिनेता नये चेहरे थे, कहानी की शुरू से अन्त तक एक ही पृष्ठभूमि, सभी पात्र भिखमंगे, घटना काल रात्रि- 'चेम्मीन' के बाद और एक 'चेम्मीन' की आवृत्ति कार्याट ने नहीं बनायी। यही उनकी खासियत है। 'अभयम्' (1970- पेरुंपटवम् श्रीधरन के उपन्यास), 'माया' (1972 - के, सुरेन्द्रन के उपन्यास), 'नेल्लु' (1974 - पी. वत्सला के उपन्यास) आदि फिल्मों की असफलता के बाद कार्याट ने फिर एक प्रयोग किया 'द्वीप' (1977) नामक फिल्म में। बच्चों के लिए बनी कार्याट की फिल्म है 'अम्मुविन्टे आट्टिनकुट्टि' (1979)।

रामू कार्याट की सभी फिल्में बॉक्स ऑफिस पर हिट साबित नहीं हुईं। फिर भी

विषय की विविधता को हम नज़रअंदाज़ नहीं कर सकते। नई पीढ़ी के निर्देशकों को प्रेरणादायक हैं उनकी फिल्में।

पी. भास्करन

पी. भास्करन के कई रूप हैं- कवि, फिल्म गीतकार, फिल्म निर्देशक, अभिनेता, सम्पादक, निर्माता, स्टुडियो मैनेजर, फिल्म डेवलेपमेंट कार्पोरेशन के चेयरमान आदि। एक गीतकार के रूप में ही पी. भास्करन चलचित्र जगत में प्रवेश किये। 'चन्द्रिका' (1950) फिल्म के लिए उन्होंने दो गीत लिखे थे। चंद्रतारा प्रोडेक्शनस की 'नीलक्कुयिल' (1954) फिल्म से (रामु कार्याट के साथ) वह निर्देशक बन गया। स्वतन्त्र निर्देशक के रूप में उनकी पहली फिल्म है 'रारिच्चन एन्न पौरन' (1956-चन्द्रतारा)। पी. भास्करन की सर्वश्रेष्ठ फिल्म है। 'नीलक्कुयिल' के कहानीकार उरूब ने ही 'रारिच्चन' की रचना की। फिल्म की शुरूआत में दिखाई फ्रीज शाट और कमेंटरी मलयालम सिनेमा में नयापन का अनुभव था। 'न्यूज पेपर ब्याय' की तरह एक लड़का ही इस फिल्म का मुख्य पात्र है।

जीवन की कठोर समस्याओं के शृंग से हास्य की सपाट भूमि पर अपनी अगली फिल्म 'नायरु पिडिच्च पुलिवाल' (1958) से कदम रखा है पी.भास्करन ने। सर्कस की पृष्ठभूमि पर बनी इस फिल्म में एक साधारण प्रेम कहानी को प्रस्तुत किया गया है। 'भाग्यजातकम्' (1962) भी एक हास्य फिल्म है। इसमें सत्यन ने डबल रोल में अभिनय किया था। मशहूर अभिनेत्री शीला की पहली फिल्म है 'भाग्य जातकम'।

प्रेम सम्बन्धी चलचित्रों के कथानक दो रूपों में उपलब्ध होते हैं- सात्विक प्रेम पर आधारित कथानक और काल्पनिक चित्रपटीय प्रेम पर आधारित कथानक। सात्विक प्रेम के प्रदर्शन के लिए लोक कथाओं के रूप में पहले से ही प्रसिद्ध और लोकप्रिय कथानकों को स्वीकार करते हैं। ऐसे एक कथानक के आधार पर पी. भास्करन ने 'लैला मजनू' (1962) का निर्देशन किया। इसका सम्बन्ध अरब देशों से है। उन्नीस सौ साठ की, पी. भास्करन की अन्य फिल्में हैं - 'अम्मये काणान्' (1963- कहानीकार ई.एम.कोवूर), 'आद्य किरणंगल' (1964 - कहानीकार पारप्पुरत्त), 'श्यामला चेच्ची' (1965), 'मुरप्पेण्णु' (1965 - एम.टी.वासुदेवन नायर), 'पकल किनाव' (1966 - एम.टी.वासुदेव नायर), 'तरवाट्टम्मा' (1966), 'अन्वेषिच्चु कंडेत्तियिल्ला' (1967 - पारप्पुरम्), 'इरुट्टिन्टे आत्मावु' (1967 - एम.टी.वासुदेव नायर), 'लक्षप्रभु' (1968 - मलयाट्टूर रामकृष्णन), 'काट्टुकुरंग' (1969 - के. सुरेन्द्रन), 'मूलधनम्' (1969 - तोप्पिल भासि), 'कल्लिच्चेल्लम्मा' (1969 - जी. विवेकानन्दन) आदि। इनमें 'इरुट्टिन्टे आत्मावु' को भास्करन की सर्वश्रेष्ठ फिल्म माना जाता है।

सत्तर के दशक में 'स्त्री' (1970), 'कुरुक्षेत्र' (1970), 'वित्तुकल' (1971 -

एम.टी.वासुदेव नायर)), 'उम्माच्चु' (1971 - उरूब), 'स्नेहदीपमे मिषितुरक्कू' (1972 - ताराशंकर वैनर्जी) आदि फिल्मों के ज़रिए भास्करन ने अपनी प्रतिभा का प्रदर्शन किया है।

के.एस. सेतुमाधवन

के.एस. सेतुमाधवन कभी भी कला फिल्म के वक्ता न थे, न वाणिज्य सिनेमा के। 1960 से डेढ़ दशक तक मलयालम सिनेमा जगत में उनका रिश्ता रहा। इस कालखंड और उनकी फिल्मों की विषय वस्तु की विविधता को ध्यान में रखकर उनके महत्त्व को नज़र-अंदाज़ नहीं कर सकते।

सेतुमाधवन की पहली फिल्म ईसाई ऐतिहासिक कहानी पर आधारित 'ज्ञान सुन्दरी' (1961) थी। उनकी दूसरी फिल्म 'कण्णुम करलुम' (1962 - बाल कलाकार के रूप में कमल हासन की पहली मलयालम फिल्म) स्त्रियों को आकर्षित करने में काफी सफल हुई। अगली फिल्म 'नित्य कन्यका' (1965) एक तमिल फिल्म की पुनःर्निर्मिति है। सेतुमाधवन की दो उल्लेखनीय फिल्में हैं-'ओडयिल् निन्नु' (1965-नाली से - केशवदेव का उपन्यास) और 'दाहम्' (1965)। 'ओडयिल् निन्नु' पप्पु नामक रिक्शेवाले की कहानी है; अस्पताल की पृष्ठभूमि में बनी 'दाहम्' (प्यासा) में एक कैदी के प्यार की प्यास का वर्णन है। 'सुशीला' (1963), 'अन्ना' (1964), 'मणवाट्टी' (1964), 'ओमनक्कुट्टन' (1964), 'कोट्टयम कोलक्केस' (1967), 'लाइन बस' (1971), 'तोक्कुकल् कथा परयन्नु' (1968) आदि उनकी साधारण फिल्में हैं। 1968 में 'यक्षी' (मलयाट्टूर रामकृष्णन के उपन्यास) के साथ ही सेतुमाधवन के कैरियर में नया मोड़ आता है। मञ्जिलास फिल्म के बैनर में निर्मित इस फिल्म ने मनोवैज्ञानिक कहानी से पहली बार मलयालम दर्शकों को परिचित कराया। इस बैनर के तले निर्मित अन्य फिल्मों में 'अडिमकल्' (1969), 'कडल् पालम्' (1969), 'वाश्वे मायम्' (1970), 'अरा नाशिका नेरम्' (1970), 'अनुभवंगल् पालिच्चकल्' (1971), 'देवी' (1972), 'कलियुगम्' (1973), 'चट्टक्कारी' (19), 'पुनर्जन्मम्' (1972), और दूसरे बैनर के लिए बनी 'पणि तीरात्त वीडु' (1973), 'जीविक्कान मरन्नु पोय स्त्री' (1974), 'कन्याकुमारी' (1974) और 'ओप्पोल्' (1981)

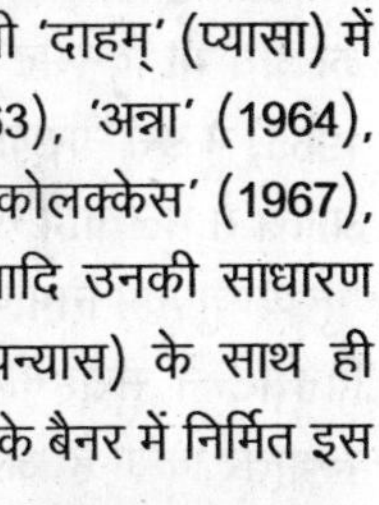

आदि फिल्मों के द्वारा सेतुमाधवन ने मलयालम सिनेमा को समृद्ध किया। लेकिन यह भी कहना है जरूरी कि उनकी आखिरी फिल्म 'सुनील वयस्स 20' बुरी तरह असफल हुइ।

ए. विनसेंट

मलयालम, हिन्दी, तेलुगु, तमिल आदि फिल्मों में छायाकार के रूप में प्रसिद्ध ए.विनसेंट के निर्देशन में निकली पहली मलयालम फिल्म है 'भार्गवी निलयम' (1964) यह फिल्म वैक्कम मुहम्मद बशीर की 'नील वेलिच्चम' नामक कहानी पर आधारित है। पटकथाकार भी खुद बशीर हैं। एक अनोखी कहानी को लेकर इतनी भव्यता और कलात्मकता के साथ निर्देशक ने प्रस्तुत किया कि यदि कहा जाये कि इस फिल्म के कारण ही इस वर्ग के रहस्यमयी चलचित्रों के निर्माण को निलम्बित कर दिया गया, तो कोई अतिशयोक्ति नहीं होगी। साथ ही, एक विशेष तथ्य यह भी है कि मलयालम-चित्रपट पर रहस्य प्रधान चलचित्रों में इतना सुन्दर और आकर्षक कोई और फिल्म निर्मित नहीं किया जा सका। प्रेत के रहस्यमय कारनामों के बीच फ्लैशबैक में एक दुखान्त प्रणय कहानी भी कही गयी है। साथ ही इस फिल्म का मधुर संगीत और रहस्यमय वातावरण दर्शक को चित्र की समाप्ति तक पूरी तरह उलझाये रहने में सक्षम है। बस एक ही फिल्म से विनसेंट निर्देशकों के अगुआ हो गया।

प्रसिद्ध साहित्यकार एम.टी. वासुदेवन नायर को सिनेमा जगत को परिचित कराने का श्रेय भी विनसेंट को है। एम.टी. की पहली पटकथा 'मुरप्पेण्णु' (ममिया बहन-1965) ने इस धारणा को गलत साबित किया कि कला और व्यापार बॉक्स-ऑफिस में आपस में मेल नहीं खाते। रूपवाणी पिक्चर्स के बैनर तले शोभना परमेश्वरन नायर ने 'मुरप्पेण्णु' का निर्माण किया था। 'अश्वमेधम' और 'नगरमे नन्नी' आदि फिल्मों में भी विनसेंट ने सराहनीय काम किया है। तोप्पिल भासी के नाटक को उसी नाम से रूपान्तर किया है 'अश्वमेधम' में। इस फिल्म में कोढ़ से पीड़ित नारी पर प्रकाश डालने की कोशिश की गई है और यह महत्वपूर्ण प्रश्न उठाया गया था कि रोग-मुक्त व्यक्ति का समाज में क्या स्थान होना चाहिए। एम.टी की कहानी पर आधारित 'नगरमे नन्नी' (हे शहर शुक्रिया - 1967, रूपवाणी पिक्चर्स) में शहरी जीवन की यथार्थ पृष्ठभूमि पर व्यक्ति के टूटते हुए सपनों का चित्रण मार्मिकता के साथ किया गया है। इस फिल्म का खलनायक शहर ही है। साठ के दशक की अन्य फिल्में हैं-'असुरवित्तु' (1968 - एम.टी. के उपन्यास पर आधारित), 'तुलामारम' (1968 - तोप्पिल भासी के नाटक) और 'आलमरम' (1969 - तमिल फिल्म का रीमेक) आदि। इनमें उल्लेखनीय फिल्म है 'तुलाभारम'। इसमें अत्यधिक यथार्थवादी एवं नाटकीय शैली में समाज के एक ऐसे

गलित स्वरूप का चित्रण किया गया था, जिसमें गिरकर एक निर्धन अबला गरीबी से तंग आकर अपने ही हाथों अपने बच्चों को जहर दे देती है। ऐसे समाज को, जो दो मासूम बच्चों को रोटी तक दे नहीं सकता, बदल डालना ही श्रेयकर है। इस फिल्म को 'समाज को बदल डालो' नाम से हिन्दी में पुनर्निर्मित किया गया था। सत्तर और अस्सी के दशक में विनसेंट के नाम से जुडी सिर्फ एक ही यादगार फिल्म है 'चेंडा' (1973)

मलयालम सिनेमा में नई धारा की शुरुआत करने का श्रेय पी.एन. मेनोन को है। एम.टी. वासुदेवन नायर की कहानी पर आधारित 'ओलवुम् तीरवुम्' (1970 - ऊर्मियाँ और किनारा) नामक फिल्म से निर्देशक मेनोन पहली बार कैमरे को स्टुडियो के बाहर ले आये। इस फिल्म कें 'शाट्स' सिनेमा के स्वभाव के अनुसार कम्पोज़ किये गये थे। पटकथा का गठन, संक्षिप्त संवाद तथा पात्रों की भावाभिव्यक्ति अत्यन्त सशक्त थी। 'कुट्टियेडत्ति', 'माप्पुसाक्षि' (1971- दोनों फिल्में एम.टी. वासुदेवन नायर की कहानियों पर आधारित), 'पणिमुटक्कु' (1972), 'चेम्बरत्ति' (1972) आदि फिल्मों में भी निर्देशक मेनोन की प्रतिभा का स्पर्श देख सकते हैं। 'कुट्टियेडत्ति' में एक ऐसी नारी के अन्तर्द्वन्द्व को सजीवता के साथ चित्रित किया था, जो जन्म से ही बदसूरत थी।

अभिनेता मधु ने एक सफल निर्देशक के रूप में भी अपना परिचय दिया - 'प्रिया' (1970) नामक फिल्म में। वेश्या समस्या पर आधारित इस फिल्म का कहानीकार सी.राधाकृष्णन है। 'सिन्दूराच्चेप्पु' (1971), 'सती' (1972) आदि उनकी अन्य फिल्में हैं।

मलयालम फिल्म जगत में सिर्फ एक ही निर्देशक है, जो जीते जी एक 'लीजेंड' बन गये- जॉन एब्रहाम। उन्होंने जो फिल्में बनायीं उनमें खास बातें थी। ज़िन्दगी को सीधे ढंग से लगभग वृत्तचित्त शैली में उतारा जाता था। जॉन की पहली फिल्म थी 'विद्यार्थिकले इतिले इतिले' (1971)। जॉन को लोकप्रियता अपनी दूसरी फिल्म 'अग्रहारत्तिले कषुता' (1970) से मिली थी। यह फिल्म तमिल में बनाई थी। इस फिल्म का मुख्य पात्र एक गधा है। 'चेरियच्चन्टे क्रूरकृत्यंगल्' (1983), 'अम्मा अरियान' (1986) आदि फिल्मों में भी एक सिद्धहस्त निर्देशक का हस्ताक्षर हम देख सकते हैं। आम लोगों से चन्दा इकट्ठा करके ही 'अम्मा अरियान' का निर्माण किया गया था। जॉन की फिल्में बौद्धिक तथा दार्शनिक हैं।

मलयालम में फैंटसी फिल्मों की शुरुआत के.पी. कुमारन की 'अतिथि' (1974) से होती है। अडूर गोपालकृष्णन की पहली फिल्म 'स्वयंवरम' की पटकथा की रचना में कुमारन भागीदार थे। 'अतिथि' में अतिथि कभी भी पर्दे पर नहीं आता है। लेकिन पूरी फिल्म में उसका अदृश्य सान्निध्य दर्शक को महसूस होता है। इसमें मुख्य रूप से पाँच पात्र हैं। सभी पात्र शेखरन नामक व्यक्ति की प्रतीक्षा में है। आखिर ये शेखरन कौन है? हर एक पात्र के लिए शेखरन के अलग-अलग रूप है, भाव है। 'रुक्मिणी' (1989),

'तोट्टम्' (2000) आदि फिल्मों के कुशल निर्देशन से कुमारन ने दर्शक के मन पर मार्मिक प्रभाव छोड़ा था। माधविक्कुट्टि (प्रसिद्ध कहानीकार, कवयित्री कमलादास) की कहानी पर आधारित 'रुक्मिणी' का कथानक मलयालम सिनेमा के लिए नवीन था। मलयालम के लोकप्रिय आल्हागीत 'वडक्कन पाट्टुकल्' की पृष्ठभूमि पर निर्मित फिल्म है 'तोट्टंगल्'।

पवित्रन ('उप्पु', 1985), जी.एस. पणिक्कर ('एकाकिनी', 1978 तथा 'पांडवपुरम', 1985) के आर. मोहनन ('अश्वत्थामाव', 1978 तथा 'पुरुषार्थम' 1987), पी.ए. बक्कर ('कबनी नदी चुवन्नप्पोल्', 'मणिमुषक्कम' - 1976, 'चुवन्न वित्तुकल' - 1977 तथा 'संघगानम्' - 1979) आदि निर्देशकों ने मलयालम के सार्थक सिनेमा को आगे बढ़ाने में अपना अपना योगदान दिये।

मलयालम सिनेमा में स्पष्ट रूप से दो धाराएँ प्रकट हुईं - बॉक्स ऑफिस की दृष्टि से ''सुरक्षित' समझी जाने वाली फार्मुला फिल्में और 'कला' या 'नया सिनेमावाले' फिल्में। इन दोनों के अलावा मध्यवर्ती धारा के निर्देशकों में पहला नाम के.जी. जार्ज का आता है। उनकी पहली फिल्म 'स्वप्नाटनम' (1975) मनोविज्ञान की पृष्ठभूमि पर बनी है। इस फिल्म के नायक गोपी मानसिक सन्तुलन खो बैठता है। कारण है असफल प्रेम। उसके मन में उत्पन्न दुखस्वप्नों की परंपराओं का एकत्रित रूप है यह फिल्म। यह कथानक मलयालम सिनेमा के लिए नया अनुभव था। जार्ज की अन्य फिल्में हैं- 'ओणप्पुडवा' (1977), 'व्यामोहम्' (1977), 'उलक्कडल' (1979), 'कोलंगल', 'मेला' (1981), 'यवनिका' (1982), 'लेखयुडे मरणम् ओरु फ्लैशबैक' (1983), 'आदामिन्टे वारियेल्लु' (1984), 'इरकल' (1985), 'ओरु यात्रयुडे अन्त्यम्' (1986) आदि। इनमें 'मेला' सर्कस की, 'यवनिका' नाटक की और 'लेखयुडे मरणम् ओरु फ्लैश बैक' सिनेमा की पृष्ठभूमि पर बनी फिल्में हैं।

पोपुलर मलयालम सिनेमा में एम.टी. वासुदेवन नायर का सम शीर्षक है पी.पद्मराजन। सफल कहानीकार और उपन्यासकार के रूप में वे पहले ही प्रसिद्ध थे। पटकथाकार के रूप में उनकी पहली फिल्म है 'प्रणयम' (1975)। एक सफल निर्देशक के रूप में पद्मराजन की प्रतिभा का परिचय देनेवाले फिल्में हैं - 'पेरुवषियंबलम्' (1979), 'ओरिटत्त ओरु फयलवान्', 'कल्लन पवित्रन्', 'कूडेविडे' (19832), 'तिंकलाश्च नल्ल दिवसम्' (1985), 'अरप्पट्टा केट्टिय ग्रामत्तिल्' (1985), 'नमुक्कु पार्कान् मुंतिरित्तोप्पुकल्' (1986), 'मून्नाम्पक्कम्' (1988) आदि। दूसरे निर्देशकों के लिए लिखी पटकथाओं में पद्मराजन ने कांप्रोमाइज करके बाक्स ओफिस मसालाओं को उपयोग किया है। उदा हरणस्वरू : भरतन के लिए 'रतिनिर्वेदम', 'तकरा', आई.वी. शशि के लिए 'इता इविटे वरे', 'करिम्बिन पूविन्नक्करे', जोशी के लिए 'ई तणुत्त वेलुप्पानकालत्तु' आदि।

कला निर्देशक के रूप में ही भरतन का प्रवेश फिल्म क्षेत्र में हुआ। निर्देशक के तौर पर उनकी पहली फिल्म है 'प्रयाणम' (1975)। इसमें एक नवयुवती को विवश होकर एक बूढ़े से शादी करनी पड़ती है। उसकी विवशता और पीड़ा को मार्मिकता के साथ चित्रित किया गया है। कलात्मकता की दृष्टि में भरतन की श्रेष्ठ फिल्में हैं- 'आरवम्' (1978) और 'तकरा' (1979)। भरतन की अन्य श्रेष्ठ फिल्में हैं - 'मर्मरम', 'ओर्मक्काय' (1982), 'कातोटु कातोरम्' (1985), 'काट्टत्ते किलिक्कूड्' (1983), 'वैशाली' (1988), 'अमरम्' (1991), 'गुरुवायूर केशवन्', 'लोरी', 'चामरम्', 'चाट्टा', 'पालंगल्', 'चिलम्ब', 'ओरु मिन्नामिनुङ्गिन्टे नुरुङ्गुवेट्टम्', 'मालूट्टी', 'वेंकलम्' आदि। एम.टी,वासुदेवन नायर की पटकथाओं के आधार पर बनी हुई फिल्में देखते समय निर्देशक की नहीं, बल्कि एम.टी. की शैली दृष्टिगत होती है। फिल्म 'वैशाली' एम.टी की रचना है, पर पर्दे पर 'वैशाली' के हर फ्रेम में निर्देशक भरतन की छाप अंकित है। सागर की पृष्ठभूमि पर बनी मलयालम की सर्वश्रेष्ठ फिल्मों में एक है 'अमरम्'।

हास्य फिल्मों के निर्देशक थे हरिहरन। उनकी पहली फिल्म थी 'लेडिस होस्टल' (1973)। एम.टी की पटकथाओं के ज़रिये वे गौरवशील निर्देशक बन गये। उदाहरण के लिए 'इटवषियिले पूच्चा मिण्डाप्पूच्चा' (1979), 'वलर्तु मृगंगल्', 'पंचाग्नि', 'नखक्षतंङल्' (1986), 'अमृतमगमयः' (1987), 'ओरु वडक्कन वीरगाथा', 'केरलवर्मा पषश्शिराजा' (2009) आदि।

सरल कथावस्तु, दिल में हास्य और मुलायम भाव भरे हुए पात्र, कहानी के हर मोड में हास्य का स्पर्श, गौरवपूर्ण अन्त निर्देशक सत्यन अंतिक्काड की अधिकांश फिल्में इन्हीं चौखटे पर बनी हुई है। निर्देशक बनने के पहले वे फिल्मी गीतकार थे-सह-निर्देशक थे। उनकी पहली फिल्म है 'कुरुक्कन्टे कल्याणम्' (1982)। हास्य का वातावरण बनाने में वे कभी द्विअर्थी संवादों का उपयोग नहीं करते; कृत्रिम कथा सन्दर्भों की सृष्टि नहीं करते। उनकी फिल्मों की सूची इसका उदाहरण हैं- 'टी.पी. बालगोपालन एम.ए' (1986), 'गाँधी नगर सेकेंड स्ट्रीट' (1986), 'नाटोटिक्काट्टु' (1987), 'कुटुम्ब पुराणम' (1988), 'पोन्मुट्टयिडुन्न ताराव' (1988), 'तलयण मंत्रम' (1990), 'मषविल्क्कावटि' (1989), 'वीन्डुम चिल वीट्टुकार्यङ्गल' (1999), 'मनस्सिनक्करे', 'विनोदयात्रा', 'इन्नत्ते चिंताविषयम', 'भाग्यदेवता' (2009) आदि।

सत्यन अंतिक्काडु की तरह फिल्म जगत के सहज शोरगुल से दूर रहनेवाला निर्देशक हैं मोहन। लेकिन निर्देशन की दृष्टि में दोनों अलग-अलग है। मोहन की फिल्मों में हास्य की प्रधानता नहीं है। बाहरी तौर पर अस्पष्ट जीवन की गहराइयों की व्याख्या ही उनकी फिल्मों के कथानकों की विशेषता है। इसकी झांकी उनकी पहली

फिल्म 'रण्टडु पेण्कुट्टिकल्' (1975 - वी.टी.नंदकुमार के उपन्यास पर आधारित) में मिलती है। दो लड़कियों के आपसी प्रेम (लेसबियनिस्म) का कथानक मलयालम सिनेमा के लिए अत्यन्त नवीन था। हर फ्रेम को अश्लीलता के स्पर्श के बिना प्रस्तुत करने में निर्देशक सफल हुए। मोहन की अन्य प्रसिद्ध फिल्में हैं- 'वाटका वीडु', 'कोच्चु कोच्चु तेट्टुकल्', 'शालिनी एन्टे कूट्टुकारि', (1980), 'विटा परयुम मुम्बे', 'तीर्थम्', 'रचना', 'श्रुति' आदि।

मलयालम सिनेमा में बहुमुखी प्रतिभा के धनी कलाकार है श्रीनिवासन। फिल्म मीडिया के मुख्य तीन क्षेत्रों में- निर्देशक, पटकथा और अभिनय- उन्होंने अपनी छाप छोड़ी। पी.ए. बक्कर की 'मणिमुषक्कम' से ही श्रीनिवासन के अभिनेता के रूप में पर्दे पर आये, लेकिन उनकी अलग पहचान बक्कर की 'संघगानम्' फिल्म से हुई। परवर्ती फिल्मों में श्रीनिवासन एक सिद्धहस्त हास्य अभिनेता हैं। 'संघगानम्' में उनका किरदार सीरियस कैरक्टर का है। बाद में उन्होंने हास्य अभिनेता को अपनी अलग शैली बनायी। इस शैली का चरमोत्कर्ष तभी होता है जब वे मोहनलाल के साथ पर्दे पर आते हैं। साधारणतः हास्य पात्र मासूम होता है। लेकिन श्रीनिवासन का हास्य पात्र कभी-कभी खलनायक में बदल जाते हैं। 'नाटोटिक्काट्टु', 'पोन्मुट्टयुड्डन्न ताराव', 'सन्देशम', 'वटक्कुनोक्कियंत्रम', 'आयुष्कालम', 'चिन्ताविष्टयाय श्यामला', 'किलिच्चुण्न माम्बषम्', 'मकन्टे अच्छन्' आदि फिल्मों में श्रीनिवासन ने हास्य का नया क्षितिज प्रदान किये।

पटकथाकार के रूप में श्रीनिवासन ने अभिनेता से विभिन्न शैली को स्वीकारा है। पटकथाकार के रूप में उनकी पहली फिल्म है 'ओरु कथा ओरु नुणक्कथा' (1986)। 'वटक्कुनोक्कि यंत्रम्' (1989), 'सन्देशम्' (1991), 'चम्बक्कुलम् तच्चन' (1992), 'मषयेत्तुम मुन्पे' (1995), 'चिन्ता विष्टयाय श्यामला' (1996) आदि पटकथाओं में जीवन का यथार्थ प्रतिबिम्बित है। उनकी अधिकांश पटकथाओं की अन्तर्धारा हास्य है। दो फिल्मों में - 'वटक्कुनोक्कि यंत्रम्' और 'चिन्ताविष्टयाय श्यामला'- एक सफल निर्देशक के रूप में अपनी प्रतिभा का परिचय देकर दिखाया है कि उस क्षेत्र में भी वे किसी से कम नहीं।

पी.एन. मेनोन, भरतन जैसे प्रतिभाशाली निर्देशकों के सहायक- सेतुमाधवन की फिल्म 'आरोरुमरियाते' (1984) के पटकथाकार - इन्हीं अनुभवों के बल पर ही कमल ने अपनी पहली फिल्म 'मिषिनीरप्पूक्कल्' का निर्देशन किया। जीवन की विभिन्न समस्याओं को अनोखे ढंग से सेल्युलाइड पर चित्रित करने में वे सफल हुए। 'गज़ल' (1993), 'मषयेत्तुम् मुम्बे', 'चम्बक्कुलम् तच्चन्', 'आयुष्कालम्', 'उल्लटक्कम्', 'काक्कोत्तिक्काविले अप्पूप्पन ताडिकल' आदि फिल्में इनका उदाहरण है। फिल्म 'मेघमल्हार' (2001) से वे एक बार भी पटकथाकार बने। युवा पीढ़ी के लिए बनी

उनकी मनोरंजक फिल्में हैं- 'इष्टम', 'नम्मल', 'स्वप्नक्कूड्' आदि। असफल फिल्म है 'कथापुरुषन'।

मुख्यधारा फिल्मों के निर्देशक के रूप में आये जयराज ने बाद में कला फिल्मों के निर्देशक के रूप में ख्याति अर्जित की। उनकी पहली फिल्म है 'विद्यारम्भम' (1990)। अपनी फिल्मों को लोकप्रिय बनाने के लिए वे हमेशा ध्यान देते थे। 'कुटुम्ब समेतम' (1992), 'पैतृकम' (1993) आदि फिल्में इसका प्रमाण हैं । 'देशाटनम' (1996) फिल्म से इन्होंने मलयालम के श्रेष्ठ निर्देशकों की श्रेणी में अपना स्थान पाया। जयराज ने शैक्सपियर के दो नाटकों का मलयालम में फिल्मी रूपान्तरण किये हैं - 'कलियाट्टम्' (1997) और 'कण्णकी' (2001)। शैक्सपियर के दुखांत नाटक 'हैमलेट' के कथानक पर निर्मित फिल्म है 'कलियाट्टम'। 'कण्णकी' का आधार 'एण्टणी क्लियोपाट्रा' है। नवरसों के आधार पर निर्मित चलचित्र परम्पराओं के अन्तर्गत उनकी दो फिल्में प्रदर्शित हुई - 'करुणम्' (1999) और 'शांतम' (2001)। बिग बजट पर बनी उनकी वाणिज्य फिल्म 'मिलेनियम स्टार्स' (2000) बुरी तरह असफल हुई। जयराज की 'फोर द पीपल' (2004) बाक्स ओफिस पर जबरदस्त हिट हुई। 2007 में उनकी ह्रस्व फिल्म (short film) 'वेल्लप्पोक्कत्तिल' को राष्ट्रीय पुरस्कार मिला। तकषी शिवशंकर पिल्लै की कहानी पर निर्मित इस फिल्म का मुख्य पात्र एक कुत्ता है। 'देशाटनम', 'कलियाट्टम', 'शान्तम', 'करुणम', 'दैवा नामत्तिल' आदि फिल्मों के लिए जयराज को राष्ट्रीय पुरस्कार मिला था। जयराज की नई फिल्म है 'लाउड स्पीकर' (2009)।

जयराज की तरह एक ही समय में व्यापारिक और कलात्मक दोनों विधाओं की फिल्मों की रचना में संलग्न और एक निर्देशक है टी.के. राजीव कुमार। उनकी 'शेषम' (2001), 'जलमर्मरम' (1999), 'इवर' (2003) आदि फिल्मों का स्थान कला फिल्मों की श्रेणी में हैं। 'चाणक्यम्' (1989 - फिल्म का नायक कमल हासन हैं), 'पवित्रम' (1994), 'तच्चोलि वर्गीस चेकवर' (1995), 'कण्णेषुति पोट्टुम् तोट्टु' (1999) आदि फिल्में आम दर्शक के लिए बनी मनोरंजक फिल्में हैं।

लेनिन राजेन्द्रन की 'वेनल' (1981), 'चिल्लु' (1982), 'मीनमासत्तिले सूर्यन' (1986), 'स्वाति तिरुनाल' (1987), 'दैवत्तिन्टे विकृतिकल' (1992), 'अन्यर' (2003) तथा राजीवनाथ की 'कटल्त्तीरत्त' (1988), 'जननी' (1998) आदि फिल्में लीक से हटकर बनी हुई हैं।

दो दशकों तक सिनेजगत में कार्यरत निर्देशक है सिबी मलयिल। उनकी पहली फिल्म 'मुत्तारम कुन्नु पी.ओ.' (1985) में हास्य को प्रधानता है। 'तनियावर्त्तनम्' (1987) और 'आकाश दूत' (1993) जैसी फिल्मों में मेलोड्रामा के आधिक्य से स्त्रियों को आकर्षित करने में सिबी सफल हुए। उनकी फिल्म 'किरीटम' (1989) बाक्स

ओफिस पर इतनी सफल हुई कि उसका दूसरा भाग 'चेंगोल' (1993) नाम से निकालना पडा। सिबी की अन्य उल्लेखनीय फिल्में हैं- 'दूरे दूरे ओरु कूडु कूट्टाम' (1986), 'भरतम' (1991), 'कमलादलम' (1992), 'सदयम' (1992), 'देवदूतम्' (2000) आदि। 'एन्टे वीडु अप्पुविन्टेयुम' (2003) फिल्म में भी सिबी ने 'आकाश दूत' के समान मेलोड्रामा का अत्धिक सहारा लिया है।

लोहितदास पहले पटकथाकार थे, बाद में निर्देशक। उनकी पहली फिल्म 'तनियावर्त्तनम' में पटकथा का चलचित्रीय प्रभाव अत्यधिक सजीव और मार्मिक था। समाज में प्रचलित अन्धविश्वास के कारण इस फिल्म के नायक का मानसिक सन्तुलन नष्ट होता है। एक निर्देशक के तौर पर लोहितदास की पहली फिल्म है 'भूतक्कण्णाटि'। उनके निर्देशन पर बनी अन्य फिल्में हैं- 'कारुण्यम', 'ओर्मच्चेप्पु', 'कन्मदम्', 'अरयन्नङ्गलुटे वीडु', 'जोकर', 'सूत्रधारन्', 'कस्तूरिमान', 'कस्तूरिमान' (तमिल), 'चक्रम', 'चक्करमुत्तु', 'निवेदनम्' आदि।

अन्य निर्देशकों के लिए लिखी उनकी पटकथाएँ हैं - 'तनियावर्त्तनम्' (सिबी मलयिल), 'एषुताप्पुरम्' (सिबी मलयिल), 'कुटुंब पुराणम' (सत्यन अन्तिक्काड), 'मुक्ति' (आई.वी.शशि), 'किरीटम' (सिबी मलयिल), 'महायानम' (जोशी) 'सस्नेहम' (सत्यन अंतिक्काड), 'हिस हाइनस अब्दुल्ला' (सिबी मलयिल), 'भरतम्' (सिबी मलयिल), 'अमरम्' (भरतन), 'कमलदलम' (सिबी मलयिल), 'आधारम' (जार्ज कित्तु), 'कौरवर' (जोशी), 'वेंकलम' (भरतन), 'धनम्' (सिबी मलयिल), 'वात्सल्यम्' (कोच्चिन हनीफा), 'चेंकोल' (सिबी मलयिल), 'तूवल्क्कोट्टारम्' (सत्यन अन्तिक्काड), 'सल्लापम्' (सुन्दरदास), 'वीण्डुम चिल वीट्टुकार्यङ्गल्' (सत्यन अन्तिक्काड) आदि।

टेली फिल्म निर्देशक के रूप में ख्याति प्राप्त श्यामप्रसाद की बड़ी स्क्रीन पर बनी पहली फिल्म है 'अग्निसाक्षी' (2001 - ललिताम्बिका अन्तर्जन्म के उपन्यास पर आधारित)। इस फिल्म की ख्याति राष्ट्रीय स्तर पर हुई। 2007 के मलयालम सिनेमा के श्रेष्ठ निर्देशक का राष्ट्रीय पुरस्कार श्यामप्रसाद को मिला। फिल्म है 'ओरे कडल्'। कलकत्ते की पृष्ठभूमि पर बनी इस फिल्म के संगीत के लिए संगीत-निर्देशक औसेप्पच्चन को राष्ट्रीय पुरस्कार मिला। सामयिक विषय आई.टी. संस्कृति पर बनी श्यामप्रसाद की फिल्म 'श्रतु' (2009) के सभी अभिनेता नये चेहरे हैं। एक समूचे वाणिज्य फिल्म है। 'कल्लुकोंडोरु पेण्णु' (2001) भी श्यामप्रसाद की क्रडिट में है।

1981 में 'आम्बलपूवु' नामक फिल्म से निर्देशक के रूप में आये हरिकुमार लगातार फिल्म बनाते रहे हैं। उनकी उल्लेखनीय फिल्म है 'सुकृतम' (1994)। एम.टी. वासुदेवन नायर की पटकथा को फिल्मी रूपान्तर देने में उन्हें कामयाबी मिली। आर. सुकुमारन ('पादमुद्रा' - 1998, 'राजशिल्पी' - 1992), राजीव अंचल ('काश्मीरम'-

1994, 'गुरु' - 1997, 'ऋषिवंशम' - 1999) आदि निर्देशकों ने भी मलयालम सिनेमा को समृद्ध कराया।

सिर्फ तीन फिल्मों से निर्देशक ब्लेस्सी ने मलयालम सिने-जगत में अपना अमिट छाप छोड़ दिया है। उनकी पहली फिल्म 'काष्चा' (2004) के कथानक का सम्बन्ध भूकम्प से पीडित गुजरात से है। भूकम्प के फलस्वरूप एक बालक अनाथ होता है। एक 16 एम.एम. प्रोजेक्टर का ओपरेटर उस बालक का परवरिश करता है। दोनों के आपसी सम्बन्ध का मार्मिक चित्रण इस फिल्म में हुआ है। ब्लेस्सी की दूसरी फिल्म 'तन्मात्रा' (2005) में अलिशेमर्स रोग से पीड़ित एक व्यक्ति की व्यक्तिगत और पारिवारिक समस्याओं का चित्रण हुआ है। उनकी तीसरी फिल्म 'भ्रमरम' (2009) में नायक और खलनायक एक ही व्यक्ति है।

मलयालम के वाणिज्य सिनेमा को नाटक के स्वभाव से मुक्त करके सिनैमाटिक रूप प्रदान करके, दर्शकों के पल्स को समझकर, फिल्म निर्माण को मुनाफा बनाने में सफल हुए कुछ निर्देशक है जोशी, प्रियदर्शन, फासिल, आई.वी. शशि, बालचन्द्र मेनोन, शाजिकैलास, सिद्दिक-लाल जोड़ी, राजसेनन आदि। वीडियो के व्यापक प्रचार और प्रसार के फलस्वरूप दुनिया भर के चलचित्रों में हुए 'टेकनिकल' उन्नति को समझने का अवसर मलयालम निर्देशकों को मिला। जोशी की 'मूर्खन' (1980), 'रक्तम' (1981), 'सम्भवम' (1981) से शुरू होकर 'न्यू दिल्ली' (1987), 'नायर साहब' (1989), 'पत्रम' (1999) आदि तक पहुँचने में तकनीकी उन्नति की झांकी स्पष्ट दिखाई पड़ती है। 'शॉट्स' की गति तीव्र होती है। प्रियदर्शन की पहली फिल्म है 'पूच्चक्कोरु मूक्कुत्ति' (1982)। प्रियन की प्रारम्भ कालीन सभी फिल्में 'स्लापिस्टिक कामेडी' के अन्तर्गत आती है। धीरे-धीरे उनकी फिल्मों की शैली में परिवर्तन हुआ। कथानक चाहे गौरवपूर्ण हो या दुखान्तक, उनकी अन्तर्धारा हास्य ही है। प्रियन की प्रसिद्ध फिल्में हैं - 'तालवट्टम' (1986), 'चित्रम' (1988), 'किलुक्कम' (1991), 'काला पानी' (1995) आदि। आजकल प्रियदर्शन हिन्दी फिल्म जगत के महंगे निर्देशक बन गये है।

वाणिज्य सिनेमा के नवीन तकनीक को अपनी शैली में मिलाकर निर्देशक फासिल ने 'मञ्ञिल् विरिञ्ञ पूक्कल्' (1980- यह उनकी पहली फिल्म है), 'एन्टे मामाट्टिक्कुट्टियम्मक्कु' (1983), 'नोक्केत्तादूरत्त् कण्णुम नट्टु' (1983), 'एन्टे सूर्यपुत्रिक्कु' (1991), 'मणिच्चित्रत्ताषु' (1993) आदि फिल्मों को जबरदस्त हिट बनाया। पारिवारिक जीवन का विघटन और उनसे उत्पन्न समस्याएँ ही फासिल की फिल्मों की नींव डालती है। 'मणिच्चित्रत्ताषु' में मनोविज्ञान का भी सहारा लिया गया था।

मलयालम की पापुलर फिल्मों में निर्देशक आई.वी. शशि का जादुई प्रभाव है।

बिना स्टार के लो बजट पर बनी 'उत्सव' (1975) उनकी पहली फिल्म है। एक कॉल गर्ल की ज़िन्दगी को उजागर करने वाली 'अवलुटे रावुकल' (1970) शशि के कैरियर में एक मील का पत्थर साबित हुआ। इस फिल्म से प्रेरणा पाकर कुछ निर्देशक सेक्स फिल्मों के निर्माण में भागने लगे तो शशि नई पृष्ठभूमि की तलाश में मुड़े। मलयालम में मल्टीस्टार बिग बजट फिल्मों की शुरुआत भी शशि ने किया फिल्म 'अङ्गाडि' (1980) से। फिल्म विज़्वल की जानकारी, कथानक का सामाजिक सम्बन्ध- यो दोनों तत्व शशि को दूसरे निर्देशकों से अलग करते हैं। शेरीफ, एम.टी. वासुदेवन नायर और टी. दामोदरन - इन तीनों ही पटकथाओं पर ही शशि ने अधिकांश फिल्मों का निर्देशन किया। शेरीफ के लिए सरल, एम.टी के लिए कलात्मक और दामोदरन के लिए बाह्य सौन्दर्य आर्द विभिन्न शैलियों को शशि ने स्वीकारा। एम.टी की पटकथाओं पर निर्देशित 'तृष्णा' (1981), 'रंगम', 'अनुबन्धम', 'आल्क्कूट्टत्तिल् तनिये' (1984), टी. दामोदरन की 'ई नाडु' (1982), 'वार्ता', 'आवनाषि' (1986) आदि फिल्में उल्लेखनीय हैं। ऐतिहासिक पृष्ठभूमि पर बनी फिल्म है '1921' (1988)।

बालचन्द्र मेनोन की अधिकांश फिल्मों की अन्तर्धारा हास्य है। उनकी पहली फिल्म है 'उत्राटरात्रि' (1978)। अपनी फिल्मों का नायक भी वे स्वयं हैं। 'इष्टमाणु पक्षे' (1980), 'केल्क्कात्त शब्दम' (1982), 'कार्यम निस्सारम प्रश्नं गुरुतरम' (1983), 'एप्रिल 18' (1984) आदि फिल्में दर्शक को आकर्षित करने में सक्षम हुईं। 'अच्चुवेट्टन्टे वीडु' (1987), 'समांतरंगल्' (1997), 'कृष्णा गोपालकृष्णा' (2001) आदि फिल्में अलग तरीके से बनाई हुई हैं। 'वरुम वन्नु पोयि' उनकी नवीन फिल्म है, जो बुरी तरह असफल हुई।

कम बजटवाली हास्य फिल्मों के निर्देशक के रूप में आये शाजी कैलास की पहली फिल्म है 'न्यूज़' (1994)। धीरे-धीरे उनकी फिल्मों का नायक पात्र मानव से अतिमानव बन गया। इन्हीं फिल्मों को मलयालम के दर्शकों ने सहर्ष स्वीकार किया। छवि गृहों में पुष्पवृष्टि होती थी, करतल से गूँज उठती थी। शाजी की 'एकलव्यन' (1993), कम्मीशनर' (1994), 'दि किंग' (1995), 'आरां तम्बुरान' (1997), 'नरसिंहम' (2000) आदि फिल्में बाक्स आफिस पर नया रेकार्ड स्थापित कीं। इनमें कुछ फिल्मों के कुछ डायलॉग बच्चे-बच्चे के जुबान पर चढ़ गये।

सफल फिल्मों का दूसरा नाम है सिद्दिक-लाल जोड़ी। उनके द्वारा निर्देशित सभी फिल्में जबरदस्त हिट हुईं - 'रामजीराव स्पीकिंग' (1989), 'इन हरिहर नगर' (1990), 'गोड फादर' (1991), 'वियतनाम कोलनी' (1992), 'काबूलिवाला' (1994)। इस जोड़ी के अलगाव होने के बाद लाल ने 'इन हरिहर नगर' का दूसरा भाग 'टु हरिहर नगर' (2009) नाम से निर्देशित किया। यह भी सफल हुई। इस फिल्म की

तीसरी कड़ी है 'इन फ्रोस्ट हाउस लाल इन।'

शशिकुमार, एम.कृष्णन नायर, ए.बी.राज और श्रीकुमारन तम्बी - मलयालम सिनेमा के पिछली पीढ़ी के 'हिटमेकर्स' हैं। वे सब अब 'फेड आउट' हो गये हैं। उनके स्थान इन निर्देशकों ने ले लिये हैं - राजसेनन ('मेले परम्बिल आणवीडु'-1993, 'वार्धक्य पुराणम' - 1994, 'स्वप्नलोकत्ते बालभास्करन' - 1996, 'कोट्टारम वीट्टिले अप्पूट्टन' - 1998, 'अनियन बावा चेट्टन बावा' - 1995, 'आद्यत्ते कण्मणि' - 1995), तुलसीदास ('एषरप्पोन्मान' - 1992, 'पूच्चक्कारु मणि केट्टुम' - 1992, 'शुद्ध मद्दलम' - 1994, 'माणिक्य चेंपषुक्का' - 1995, 'किलुकिल पम्बरम' - 1997), वेणु नागवल्लि ('सर्वकलाशाला' - 1987, 'स्वागतम' - 1989, 'किषक्कुणरुम पक्षी' - 1991, 'आयिरप्परा' - 1993), विनयन ('आकाशगंगा' - 1999, 'वासंतियुम लक्ष्मियुम पिन्ने ञानुम' - 1999, 'करुमाटिक्कुट्टन' - 2000), भद्रन ('एन्टे मोहंगल पूवणिञ्ञु' - 1982, 'अय्यर दि ग्रेट' - 1994, 'अंकिल बण' - 1991, 'स्पटिकम' - 1994, 'उटयोन'), अनिल बाबु ('पोन्नारमतोट्टत्ते राजावु' - 1992, 'अच्छन कोम्बत्त् अम्म वर्मबत्त्' - 1995, 'कलियूञ्ञाल्' - 1997, 'मयिलप्पीलिक्कावु' - 1998), तम्बि कण्णन्तानम ('इंद्रजालम' - 1990, 'नाटोटि' - 1992, 'मान्त्रिकम' - 1995), विजी तम्बी ('कुणुक्किट्ट कोषि' - 1992, 'पंडु पंडोरु राजकुमारि' - 1992, 'पिटक्कोषि कूवुन्न नूट्टान्टु' - 1994, 'कुटुम्ब कोटति' - 1995), टी.एस.सुरेष बाबु ('कोट्टयम कुञ्ञच्चन' - 1990, 'किषक्कन पत्रोस' - 1992, 'पालयम' - 1994) आदि।

मनोरंजन प्रधान फिल्मों की नई पीढ़ी के प्रवर्तक है रोशन एन्ड्रूस, लाल जोस, अनवर रशीद आदि। रोशन की पहली फिल्म 'उदयनाणु तारम' (2005) जबरदस्त हिट हुई। इस फिल्म का विषय ही सिनेमा है। लाल जोस की पहली फिल्म है 'ओरु मरवत्तूर कनवु' (1998) उनकी 'मीश माधवन' (2002) और 'क्लास मेट्स' (2006) ने खूब पैसा कमाया। अनवर रशीद के निर्देशन में बनी दोनों फिल्मों - 'राजमाणिक्यम' (2006) और 'बिग बी' ने बाक्स ऑफिस पर नया रिकार्ड स्थापित किया।

मलयालम की एक कालजयी फिल्म है 'पिरवी' (1988)। इस फिल्म का निर्देशक शाजी.एन.करुण पहले अरविंदन के कैमरेमैन थे। 'पिरवी' की मुख्य कथा आपातकाल के दिनों के एक कुख्यात 'राजन हत्याकांड केस' के इर्दगिर्द रहती है। एक बूढ़ा पिता अपने बेटे को खोज रहा है। उसे जब अपने बेटे की गिरफ्तारी के बारे में पता चलता है, तो वह शहर जाकर जगह-जगह भटकता है। शाजी अकेलापन, विशाद और पीड़ा के संसार के अनोखे सिनेमाई चितेरे हैं। शाजी ने इस फिल्म के ज़रिये अन्तर्राष्ट्रीय ख्याति अर्जित की है। पिरवी ने राष्ट्रीय व अन्तर्राष्ट्रीय 31 पुरस्कार हासिल किये थे। शाजी की अन्य फिल्में हैं - 'स्वं' (1994),

'वानप्रस्थम्' (1999) और 'कुट्टिस्रांक' (2009)। स्वं में भी पिता-पुत्र सम्बन्धों का चित्रण है। 'वानप्रस्थम्' कथ्य व शिल्प हर दृष्टि से एक बेजोड़ फिल्म है। इसमें अपने पिता की पहचान से वंचित ऐसे कथकली नर्तक की कहानी है जिसे अपने पैतृक अधिकारों से भी वंचित रहना पड़ा। छोटी जाति में जन्मे कथकली नर्तक कुञ्जीक्कुट्टन को चाहकर भी पता नहीं चलता कि उसका पिता कौन है। उसकी यह व्यथा उसके नृत्य में व्यक्त होती है। शादी से उसकी परेशानियाँ बढ़ती है। बेटे का जन्म भी उसका घाव नहीं भर पाता। एक दिन जमींदार की भतीजी सुभद्रा कुञ्जीक्कुट्टन को मंच पर अर्जुन के रूप में देखकर मोहित हो जाती है। दोनों यथार्थ और कल्पना में भेद नहीं कर पाते। कुञ्जीक्कुट्टन को महाभारत का अर्जुन समझकर सुभद्रा उसके प्रेम में बँध जाती है। सुभद्रा कुञ्जीक्कुट्टन के पुत्र को जन्म देती है लेकिन उसे दिखाने से इनकार कर देती है। कुञ्जीक्कुट्टन टूट जाता है। पहले वह अपने पिता से वंचित रहा और अब पुत्र से। कुञ्जीक्कुट्टन सुभद्रा के नाम एक पत्र छोड़ जाता है कि वह पुत्र को उसके पिता के बारे में ज़रूर बताये ताकि जो पीड़ा उसने सही, उसके पुत्र को न सहनी पड़े। 'वानप्रस्थम' में शाजी ने जाति-व्यवस्था व कलाकारों की ज़िन्दगी का मार्मिक चित्रण किया है। शाजी की अन्य फिल्में हैं - 'स्वं' (1994) और 'वानप्रस्थम' (1999)। दोनों फिल्मों में संगीत की मुख्य भूमिका है। शाजी की 'कुट्टिस्रांक' को 2009 की सर्वश्रेष्ठ फिल्म का राष्ट्रीय पुरस्कार मिला है।

पी.ए. बक्कर की फिल्म 'कबनी नदी चुवन्नप्पोल' का नायक थे टी.वी.चन्द्रन। फिर वे निर्देशन के क्षेत्र में उतरे। उनकी पहली फिल्म थी 'कृष्णन कुट्टी', जो अनज़ान ही रही। फिर चन्द्रन ने एक तमिल फिल्म 'हेमाविन कातरकरल' का निर्देशन किया। फिल्म 'आलीसिन्टे अन्वेषणम' (1989) से चन्द्रन ने मलयालम में अपना एक अलग स्थान बनाया। स्त्री पक्षों की दृष्टि से ही इस फिल्म के कथानक की व्याख्या हुई है। जीवन के हाशिये पर रखे हुए आम लोगों के प्रति चन्द्रन की सहानुभूति 'पोंतनमाटा' (1993) में स्पष्ट दिखाई पड़ती है। नायक माटा के तृण-समान ज़िन्दगी को चित्रित करने में निर्देशक कभी भी घिसी-पिटी नियो-रियलिज़म की शैली का सहारा नहीं लेता। फिल्म 'ओर्मकल उण्डायिरिक्कणम' (1995) में विषय और व्याख्या भिन्न-भिन्न रास्ते से आगे बढ़ते हैं। 'मंकम्मा' (1997) में स्त्रियों की आकुलता का अन्वेषण वे जारी करते हैं। चन्द्रन की स्त्री-पक्ष फिल्मों में सब से महत्त्वपूर्ण है 'सूसन्ना' (2000)। एक मुस्लिम लड़की की ज़िन्दगी की व्याख्या है उनकी फिल्म 'पाठम ओन्नु ओरु विलापम' (2003)। चन्द्रन के निर्देशन शैली का महत्त्वपूर्ण उदाहरण है 'डानी' (2001)। उनकी नई फिल्में हैं- 'विलापंगल्क्कु अप्पुरम'और 'भूमि मलयालम'। एक प्रवासी मलयाली है

मुरली नायर। विदेश में रहकर ही वे मलयालम फिल्मों का निर्देशन करते हैं और उन फिल्मों को अन्तर्राष्ट्रीय स्तर पर प्रदर्शित करने में भी वे सफल रहे। उनकी फिल्में हैं - 'मरणासिंहासनम' (1999), 'पट्टियुटे दिवसम' (2001) और 'अरिंपारा' (2003 - ओ.वी.विजयन की कहानी पर आधारित)। 'मरणा सिंहासनम' के ज़रिये मलयालम फिल्म को पहली बार कान फिल्मोत्सव से पुरस्कार मिला।

एम.पी. सुकुमारन नायर ('अपराह्नम'- 1990, 'कषकम' - 1995, 'शयनम'), पी.टी.कुञ्जुमुहम्मद ('मगरिब' - 1993, 'गर्षों' - 1998), सी.पी.पद्मकुमार ('अपर्णा'- 1981, 'सम्मोहनम' - 1994), आर.शरत ('सायाह्नम' - 2000, 'स्थिति' - 2002), सतीश मेनोन ('भवम्' - 2002), राजीव विजय राघवन (मार्गम - 2003) आदि निर्देशक भी कला फिल्मों के राही हैं।

मलयालम सिनेमा के इतिहास में एक अविस्मरणीय नाम है नवोदया अप्पच्चन। मलयालम की पहली सिनेमा स्कोप फिल्म 'तच्चोलि अंबु' (1978), पहली 70 mm फिल्म 'पटयोट्टम' (1982) और भारत की पहली 3D फिल्म 'मैं डियर कुट्टिच्चात्तन' (1984) के निर्माता अप्पच्चन हैं।

मलयालम सिनेमा आज डिजिटल युग में प्रवेश किया है। कैमरेमेन संतोष शिवन द्वारा निर्देशित पहली फिल्म है 'अनन्द भद्रम' (2005)। सिर्फ एक थियेटर में इस फिल्म का डिजिटल प्रदर्शन हुआ। वी.के. प्रकाश की फिल्म 'मून्नामतोराल' (2006) का निर्माण और प्रदर्शन डिजिटल तरीके से हुआ।

जी. अरविंदन

मलयालम सिनेमा को अन्तर्राष्ट्रीय नक्शे तक पहुँचाने का श्रेय तीन व्यक्तियों को दिया जा सकता है - अडूर गोपालकृष्णन, जी. अरविंदन और शाजी.एन.करुण। अरविंदन एक स्वप्रशिक्षित फिल्मकार थे। किसी फिल्म संस्थान में वह नहीं पढ़े थे। अरविंदन को अक्सर सिनेमा का कवि-पेंटर कहा जाता है। अरविंदन के लिए यह बात सही है। कवि-पेंटर होने के अलावा वे एक विज़नरी कल्पना की अपनी ही दुनिया में रहनेवाले एक स्वप्नदर्शी फिल्मकार हैं। वह चित्रकार, कार्टूनिस्ट, संगीतकार भी थे। बल्कि फिल्म कला को उन्होंने बहुत देर से अपनाया। अच्छी फिल्में देखकर वे फिल्म कला की ओर अचानक आकर्षित हुए।

अरविंदन की पहली फिल्म 'उत्तरायणम' 1974

में बनी थी। 'कांचन सीता' (1977), 'थंपु' (1978), 'कुम्माट्टी' (1979 - बच्चों के लिए बनी फिल्म), 'एस्तप्पान' (1979), 'पोक्कु वेयिल' (1982), 'चिदंबरम' 91985), 'ओरिडत्तु' (1986), 'माराट्टम'(1989), 'वानप्रस्थम', 'वास्तुहारा' (1993) जैसी फिल्मों में अरविंदन ने फिल्म कला पर अपनी अद्भुत पकड़ को साबित किया।

सत्यजित राय और अडूर की फिल्म दृष्टि अधिक सन्तुलित और तगड़ी कही जा सकती है। लेकिन अरविंदन का स्वप्नद्रष्टा स्वभाव उन्हें बिलकुल एक अलग जगह दे देता है।

दरअसल प्रारम्भ में बनी अरविंदन की सभी फिल्में लीक से हटकर (off beat) रही हैं। मसलन 'उत्तरायणम' को लें, इस बड़ी दुनिया में छोटे आदमी का परिप्रेक्ष्य इस फिल्म का मूल है। 'थंपु' में सर्कस की दुनिया दूर के गांव से जुड़ती है और अलग होती है। 'कांचन सीता' में जंगल के निवासी के रूप में राम का और एक अपरोक्ष उपस्थिति के रूप में सीता के किरदार का स्तम्भित कर देने वाला दृश्यांकन किया गया है। सीता कभी परदे पर नहीं आती। 'एस्तप्पान' में दर्शक समुद्र से स्टीफन (नायक) को आता हुआ देखता है। अन्त में वह समुद्र की ओर जा रहा है। स्टीफन के होने, न होने के बारे में कई कहानियाँ प्रचलित हैं। वह मसीहा है, एक चमत्कारी पुरुष है, एक चोर है, एक धूर्त है। वह सब कुछ होने का भ्रम पैदा कर सकता है। वह संत भी है, कवि भी है। राजन काक्कनाडन ने 'एस्तप्पान' की भूमिका की थी।

'पोक्कुवेयिल' (सांझ की बेला) एक संवेदनशील युवक बालू की दुनिया में दर्शक को ले जाती है। यह युवक धीरे-धीरे अपने आस-पास से कटकर विक्षिप्तता के अँधेरे में जा रहा है। मानसिक अस्पताल से शुरू हुई यह फिल्म वहीं खत्म होती है। लेकिन इस बीच बालू का पिता, प्रेमिका, महत्त्वाकांक्षी खिलाड़ी और एक क्रान्तिकारी से सम्बन्ध और इन सम्बन्धों की एक पूरी भूल-भुलैया परदे पर आती है। बालू के भीतर एक कवि मौजूद है। इस कवि को पहचान जा सकता है, पर शायद इसका सामना करना, उसे स्वीकार करना, समाज के लिए आसान नहीं है। कवि बालचन्द्रन चुल्लिक्काड ने इस फिल्म के नायक की किरदार की। रहस्यभरी इस फिल्म की पृष्ठभूमि में हरिप्रसाद चौरसिया का संगीत है।

फिल्म 'चिदम्बरम' में तीन पात्र है और चौथी चीज़ है प्रकृति। एक सुन्दर दुनिया दर्शकों को जैसे सम्बोधित कर रही है। सुपरिंडेंट शंकरन फार्म के छोटे कर्मचारी की पत्नी शिवकामी के प्रति आकर्षित है। अपनी पत्नी के विश्वासघात को मुनियांडी सहन नहीं कर पाता। वह अपनी पत्नी की हत्या कर देता है और स्वयं आत्महत्या कर लेता

है। जीवित बचा रह जाता है शंकरन। अपनी अपराध भावना के अँधेरे में चीज़ों को पहचानने की सिर्फ कोशिश कर सकता है। सी.वी. श्रीरामन की कहानी है 'चिदम्बरम'। मूल कहानी में परस्त्रीगमन, हत्या, आत्महत्या सब कुछ हैं। पर फिल्म एक जादुई लोक के आकर्षण के बाद एक वर्जित प्रदेश में प्रवेश के मोह और फिर उसकी वजह से पैदा हुई अपराध भावना को जानने-जाँचने की कोशिश करती है। 'चिदबरम' अरविंदन की सबसे सम्पूर्ण फिल्म लगती है। इस फिल्म के अभिनेता है गोपी, श्रीनिवासन और स्मिता पाटील।

फिल्म 'ओरिडत्तु' एक गाँव में बिजली आने वाली कथा से सम्बधित है। दुनिया बदल जायेगी पर अरविंदन को पूरा भरोसा नहीं है कि दुनिया बेहतर ही होगी। इस फिल्म के सभी पात्र- ओवरसियर सुरेन्द्रन पिल्लै, नकली डॉक्टर, कामरेड, अध्यापक- कार्टून स्ट्रिप जैसे हैं।

'वानप्रस्थम' में अरविंदन ने कथकली की तकनीक पर बहुत नाटकीयता से प्रयोग किया था।

1980 के दशक के समाप्त होते ही कई सुपर स्टार सार्थक सिनेमा की महत्ता को समझने लगे थे। दिग्गज निर्देशकों की फिल्मों में काम करना उनके लिए प्रतिष्ठा की बात बन गयी थी। इसलिए अडूर गोपालकृष्णन ने अपनी दो फिल्मों में 'मतिलुकल' और 'विधेयन'- सुपर स्टार मम्मूट्टी को अनुबन्धित किया, तब मलयालम फिल्म के दूसरे सुपर स्टार मोहनलाल को अरविंदन की फिल्म 'वानप्रस्थम' में काम करना ही पड़ा।

'वास्तुहारा' अरविंदन की आखिरी फिल्म है और इसमें मास्टरपीस होने के सारे गुण मौजूद है। इसमें उन्होंने एक नये सिनेमाई आत्मविश्वास का परिचय दिया है। विस्थापित मानसिकता की भीतरी गहराइयों का पूरा ध्यान रखते हुए उन्होंने बाहरी सच्चाई से भी जैसे पूरी मुठभेड़ की कोशिश की है। 'वास्तुहारा' में विभाजन और बंगलादेश के मुक्ति संग्राम के विस्थापितों के न्यूजरिल फूटेज का भी इस्तेमाल किया गया है। फिल्म का बहुत बड़ा हिस्सा शरणार्थियों की समस्याओं से जूझ रहे एक रिफ्यूजी जुनियर अफसर के संसार को समर्पित है। फिल्म के केन्द्र में एक ऐसी बंगला महिला है जिसने एक मलयाली से शादी की थी, पर पति की मृत्यु के बाद उसने अपने जीवन की लड़ाई खुद लड़ी। उसके बच्चे नक्सलवाद से आकर्षित हुए। लड़की जेल से पैरोल पर आई हुई है। लेकिन बाहरी दुनिया की इन कटु सच्चाइयों के बीच अचानक प्रकृति एक बड़ी राहत का काम करती है।

भारत-अमेरिका के सहयोग से बनी अरविंदन की फिल्म 'उन्नी' व्यावसायिक रूप से कभी भी कहीं नहीं दिखाई गयी। दूरदर्शन ने श्रद्धांजलि के तौर पर उनकी मृत्यु के बाद छोटे परदे पर दिखाया था।

एम.टी. वासुदेवन नायर

मलयालम के लब्धप्रतिष्ठ साहित्यकार है एम.टी. वासुदेवन नायर। सफल पटकथाकार के रूप में भी आपकी ख्याति हैं। वे अपने आप को मूलतः साहित्यकार मानते हैं, सिनेमावाला बाद में। उनकी राय में वर्तमान युग में जनमानस को प्रभावित करने का शक्तिशाली माध्यम फिल्म ही है। वे कला के किसी भी पक्ष को एक-दूसरे से कम नहीं मानते। जैसे संगीतकार अपने संगीत के माध्यम से, एक उपन्यासकार अपने उपन्यास के माध्यम से अपनी योग्यता साबित करता है, उसी तरह एक फिल्म निर्माता भी। फिल्म में साहित्य, नाटक, अभिनय, संगीत, छायांकन, चित्रकला और शिल्पकला इन सात बुनियादी कलाओं का संगम होता है। इन सब की आत्मा का समावेश फिल्म में होता है।

एक पटकथाकार के रूप में मलयालम फिल्म जगत में एम.टी का प्रवेश हुआ। उनकी पहली फिल्म थी 'मुरप्पेण्णु' (ममिया बहन - 1965)। अपनी पहली रचना से ही उन्हें अपने समकालीन पटकथाकारों में एक अलग स्थान प्राप्त हुआ। संवाद में 'वल्लुवनाटन शैली' का प्रयोग उनकी खासियत थी। इस शैली का प्रभाव बाद की कई फिल्मों में हुआ। 'मुरप्पेण्णु' ने इस धारणा को गलत साबित किया कि कला और व्यापार बाक्स ऑफिस में आपस में मेल नहीं खाते। रूपवाणी पिक्चर्स के बैनर में शोभना परमेश्वरन नायर ने इस फिल्म का निर्माण किया था। निर्देशक थे ए. विनसेंट। उस ज़माने के श्रेष्ठ निर्देशकों के पसंदीदा पटकथाकार एम.टी थे। उदाहरण ए. विनसेंट ('नगरमे नन्नी', 'असुरवित्तु', 'वित्तुकल'), पी.एन.मेनोन ('ओलवुम तीरवुम', 'कुट्टियेडत्ति', 'माप्पुसाक्षि'), के.एस.सेतुमाधवन ('ओप्पोल') आदि।

वर्ष की सर्वश्रेष्ठ फिल्म को मिलने वाला राष्ट्रीय फिल्म पुरस्कार 1973 के लिए मलयालम की फिल्म 'निर्माल्यम' को मिला था। फिल्म के निर्माता और निर्देशक एम.टी थे। अपनी कहानी 'पल्लिवालुम कालचिलम्बुम' के आधार पर ही एम.टी ने इस फिल्म की रचना की। फिल्म का सीधा सम्बन्ध केरल के प्राचीन मन्दिरों में पूजा कार्य में संलग्न पुजारियों के वैयक्तिक और पारिवारिक जीवन से है। इस कहानी के माध्यम से उन्होंने केरल के इस सामाजिक जीवन के पहलुओं को उजागर करने का सफल प्रयास किया है। 'निर्माल्यम' के ही नायक पी.जे. एंटनी को सर्वोत्तम कलाकार का 'भरत' पुरस्कार मिला था। अभिनेता सुकुमारन की पहली फिल्म है यह। अपनी ही कृतियों के आधार पर एम.टी ने तीन फिल्मों के निर्देशन किया- 'बन्धनम' (1978), 'वारिक्कुषि' (1982) और 'मञ्जु' (तुषार -

1982)। इनम पहली दो फिल्में औसत ज़्यादा ऊँची है, तो तीसरी फिल्म 'मञ्जु' असफल हुई। उत्तर भारतीय परिवेश में बनी इस फिल्म में आत्मनिर्णय और अस्तित्व समस्या की चर्चा हुई है। लम्बे अन्तराल के बाद 'कटवु' (1990) नामक फिल्म से निर्देशक के रूप में एम.टी वापस आये। अपने चिरपरिचित निला नदी (उत्तर केरल में 'भरत पुषा' नाम से जानी जाती है) को इस फिल्म में उन्होंने मुख्य पात्र बनाया था।

एस.के..पोट्टेक्काड की कहानी पर आधारित 'कटवु' में मासूम दिलवालों के बीच राग उत्पन्न होता है ; समाज की घृणित ईर्ष्या को सहन करना पड़ता है। निर्देशक के मेगाफोण लेकर एम.टी एक बार भी आया - 1991 में। फिल्म थी 'ओरु चेरु पुंचिरि', जो तेलुगु कहानी का रूपान्तर है।

साठ के दशक के महँगी पटकथाकार थे एम.टी। अगले तीन दशकों में भी उन्होंने अपने स्थान को उसी प्रकार बनाये रखा। मलयालम के लगभग सभी प्रसिद्ध निर्देशकों ने एम.टी की पटकथा का सहारा लिया था। 'वेल्लम' (1985), 'इटवषियिले पूच्चा मिण्डा पूच्चा' (1979), 'वलर्तु मृगंगल' (1981), 'पंचाग्नि' (1986), 'नखक्षतंगल' (1986), 'अमृतम गमयः' (1987), 'आरण्यकम' (1988), 'ओरु वडक्कन वीरगाथा' (1989), 'परिणयम' (1994), 'एण्टे स्वन्तम जानकिक्कुट्टिक्कु' (1997), 'केरलवर्मा पषश्शिराजा' (2009) आदि पटकथाएँ एम.टी ने हरिहरन के लिए लिखा है। हरिहरन को इन्हीं फिल्मों ने मुख्यधारा के सिनेमा के निर्देशक का दर्जा दिया।

उन्नीस सौ सत्तर और अस्सी के दशकों में मलयालम व्यावसायिक सिनेमा की जंजीरें निर्देशक आई.वी.शशि के हाथ में थीं, जिस में निर्माता से लेकर दर्शक सभी बांधे जा सकते थे। एम.टी की 'तृष्णा' (1981), 'उयरंगलिल', 'आलक्कूट्टत्तिल तनिये' (1984), 'इटनिलंगल', 'अनुबंधम', 'रंगम' (1985) आदि पटकथाओं की कलात्मकता को सुन्दर अभिव्यक्ति प्रदान करने में शशि सिद्धहस्त हुए।

एम.टी की पटकथा के साथ फिल्म जगत में पदार्पण करने का भाग्य कुछ निर्देशकों को मिला। उदाहरण - आसाद ('पातिरावुम पकल वेलिच्चवुम' - 1974), अजयन ('पेरुंतच्चन' - 1990), वेणु ('दया' - 1998), कण्णन ('तीर्थाटनम' - 2001)। आसाद की दूसरी फिल्म 'विल्कानुंडु स्वप्नंगल' (1980) भी एम.टी की रचना पर आधारित थी। लब्धप्रतिष्ठ निर्देशक, जैसे प्रताप पोत्तन ('ऋतुभेदम' - 1987), सिबी मलयिल ('सदयम' - 1992), हरिकुमार ('सुकृतम' - 1994) आदि ने कलात्मकता के साथ एम.टी की रचना को पर्दे पर रूपान्तर किये। पी.ए. बक्कर के लिए लिखी पटकथा 'मण्णिन्टे मारिल' (1979 - मूल कहानीकार चेरुकाड) असफल हुई।

साहित्य और सिनेमा दोनों क्षेत्रों में एम.टी ने ख्याति अर्जित की है। एक कलाकार

की हैसियत से आत्माभिव्यक्ति के लिए वे किस माध्यम को अधिक सामयिक मानते हैं? एम.टी के मत में- वे कला के किसी भी पक्ष को एक दूसरे से कम नहीं मानते। जैसे एक संगीतकार अपने संगीत के माध्यम से, एक उपन्यासकार उपन्यास के माध्यम से अपनी योग्यता दिखाता है, उसी तरह एक फिल्म निर्माता भी। अन्तोनियोनी इसका एक उदाहरण है। फिल्म में साहित्य, नाटक, अभिनय, संगीत, छायांकन, चित्रकला का संगम होता है। इन सबकी आत्मा का समावेश फिल्म में होता है।

फिल्मों को आर्ट फिल्म, ऑफबीट फिल्म, न्यूवेव फिल्म आदि लेबलों में वर्गीकृत करने में एम.टी का ज़रा भी विश्वास नहीं है। उनकी राय में फिल्में सिर्फ दो प्रकार की होती हैं - अच्छी और बुरी। फिल्मी माध्यम की उपलब्धियों से अवगत होकर, उनका जीवन से सीधा नाता जोड़कर, इस्तेमाल करनेवाले लोगों की कृति को वे अच्छी फिल्म की संज्ञा देते हैं। बाक्स ऑफिस मसालों के बहाने लाखों की माँग करने वाले अभिनेता, संगीतकार, हर दूसरी रील के बाद गीत, हास्य कलाकारों को छोटे-छोटे अवसर, अर्धनग्नता लिये प्रणय-दृश्य, मारपीट, आँसू और सुखद अन्त, इनको जोड़कर बननेवाली फिल्म को वे दूसरी कोटि में रखते हैं। क्योंकि इनमें ज़िन्दगी की धड़कन नहीं होती है या अगर है तो वह नहीं के बराबर है।

अडूर गोपालकृष्णन

अडूर गोपालकृष्णन ने 1965 में पुणे के फिल्म और टी.वी. संस्थान से पटकथा और निर्देशन का डिप्लोमा प्राप्त किया था। पुणे से केरल आकर उन्होंने के.पी.कुमारन के साथ चित्रलेखा फिल्म सोसाइटी बनायी। अडूर की पहली फिल्म 'स्वयंवरम' 1972 में बनी थी। 'कोडियेट्टम' (1977), 'एलिप्पत्तायम' (1982), 'मुखामुखम' (1984), 'अनंतरम' (1987), 'मतिलुकल' (1989), 'विधेयन' (1993), 'कथापुरुषन' (1995), 'निषलुकल' (2002), 'ओराणुम रण्डु पेण्णुम' (2006), 'नालु पेण्णुङ्गल्' (2007) जैसी फिल्मों की सूची अपने आप में अडूर की अद्‌भुत प्रतिभा का प्रमाण है।

'एलिप्पत्तायम' भारतीय सिनेमा में एक मास्टरपीस कही जा सकती है। इस फिल्म के केन्द्र में उण्णी नाम का एक पुरुष है, जो अपनी पतनशील, सुस्त और परजीवी जीवन शैली के अँधेरे कोने में चूहे की तरह बन्द है। उसकी तीन

बहनें हैं। बड़ी शादीशुदा है और अलग रहती है। दूसरी बहन घर में नौकरानी की तरह रह रही है। तीसरी और सबसे छोटी बहन व्यावहारिक और पाज़िटिव है। फिल्म की शुरुआत में उण्णी ने एक सपना देखा- उसे चूहे ने काटा है। सभी बहनें छानबीन करती हैं। चूहे का नामोनिशान नहीं। तीसरी बहन घर के जीर्ण वातावरण से भाग जाती है। फिल्म के अन्त में उण्णी कठघरे में फँसा चूहा बन जाता है। इस फिल्म ने मलयालम सिने दर्शकों के सामने आस्वादन का नया क्षितिज खोला। इस फिल्म को ब्रिटिश फिल्म इंस्टिट्यूट का अवार्ड मिला था।

'मुखामुखम' अडूर की चौथी फिल्म है। इसका हर फेम अडूर को एक बडे भारतीय फिल्मकार के रूप में स्थापित कर देता है।

'मुखामुखम' की कहानी संक्षेप में इस प्रकार है- श्रीधरन एक समर्पित कम्यूनिस्ट नेता है। एक कस्बे में वह मज़दूरों के हितों की लड़ाई लड़ रहा है। फैक्टरी के मालिक की हत्या हो जाती है। श्रीधरन अपने कुछ कामरेडों के साथ भूमिगत (फरार) हो जाता है। कई साल बीत जाते हैं। लोग मान लेते हैं कि श्रीधरन मर चुका है। लोग उसे देवता बना देने में देर नहीं करते हैं। उसके नाम से इमारतें खड़ी हो जाती हैं। चाय घरों से लेकर पार्टी-दफ्तरों में उसे लोग श्रद्धा और आदर से याद करने लगते हैं। उसका एक जबरदस्त मिथक बन जाता है। श्रीधरन फरार होता है पचास के दशक के मध्य में। 1965 में जब वह अपने कस्बे में वापस आता है, तो दुनिया बदल चुकी है। पार्टी का विभाजन हो चुका है। लोग नहीं चाहते कि मरा हुआ मान लिया गया श्रीधरन भूत की तरह कस्बे की ज़िंदगी में वापस आ जाए। उसका मौन, उसका पियक्कड़ रूप, उसके प्रशंसकों को मुश्किल में डाल देता है। वे परेशान नज़र आते हैं, घबड़ाये हुए और अपने कामरेड की यह हालत देखकर वे एक गहरे संकोच की स्थिति में भी हैं। फिल्म के मध्यान्तर के बाद पुनःप्रवेश करने वाला श्रीधरन एक भ्रममात्र होने की सम्भावना है।

अडूर स्वयं नायक को एक ठोस चरित्र के रूप में देखते हैं। पुलिस लाठी चार्ज के बाद पुलिस स्टेशन में श्रीधरन के चेहरे पर बस एक मुस्कान है। श्रीधरन एक भी फ्रेम में उग्र नहीं नज़र आता।

'मुखामुखम' पूरी तरह से सिनेमाई भाषा पर आश्रित फिल्म है। श्रीधरन के एक मित्र की बहन उसके प्रति आकर्षित है और उसे आश्चर्य है कि श्रीधरन की स्त्रियों में दिलचस्पी क्यों नहीं है? एक प्रसंग में वह श्रीधरन के यहाँ से संक्षिप्त वार्तालाप के बाद कमरे से बाहर जाती है। चाक्षुस संयोजन से ही निर्देशक उस औरत की मानसिकता और श्रीधरन की सच्ची किस्मती विवशता को कई स्तरों पर उद्‌घाटित कर देता है। उल्लेखनीय

है कि अडूर श्रीधरन के भूमिगत जीवन का एक भी प्रसंग पर्दे पर नहीं रखा है। क्या वापस आया श्रीधरन एक भ्रममात्र है? दर्शक की प्रतीक्षा है कि यथास्थिति को बनाए रखने के लिए श्रीधरन की आवश्यकता है।

फिल्म 'विधेयन' में अडूर ने कहानीकार ज़करिया की कहानी को अपने ढंग से फिल्माया है। फिल्म की कहानी साठ के दशक की है। एक मनोविश्लेषक की तरह अडूर अपने केन्द्रीय पात्रों की भीतरी मनोवैज्ञानिक गुत्थियों को जाँचते हैं। इसलिए 'विधेयन' का नायक एक क्रूर, परपीड़ित और फासिस्ट पात्र होते हुए भी अपनी जटिलता को खोता नहीं है।

नायक ज़मींदार अपनी पत्नी सरोजा की हत्या तो खुद ही करना चाहता है क्योंकि उसकी क्रूरताओं में वह उसका साथ नहीं देती और बराबर टोका-टाकी करती रहती है। लेकिन वह यह भी चाहता है कि सरोजा को अन्तिम क्षणों तक पता न चले कि हत्यारा खुद उसका पति है।

एक बार यह ज़मींदार अपने सेवक तोम्मी को अपनी हत्यारी योजना में शामिल होने के लिए मज़बूर कर देता है। ज़मींदार बाहर बैठा अपनी बन्दूक साफ कर रहा होगा। तोम्मी मालकिन को बुलायेगा। ज़मींदार कुछ इस तरह से गोली चलायेगा कि वह एक दुर्घटना नज़र आये। लेकिन जब सचमुच गोली चलती है, तो घायल निरीह तोम्मी हो जाता है। कई दिनों बाद घबराया हुआ ज़मींदार आकर अपने सेवक को बताता है कि उसने सरोजा की हत्या कर दी है। लेकिन इस हत्या को आत्महत्या का रूप देने के लिए उसे तोम्मी की सहायता चाहिए। ज़मींदार ने कहा कि हत्या के समय मैंने नकाब में अपना चेहरा छिपा रखा था। पर अब उसे यह शक हो रहा है कि अन्तिम समय में उसकी पत्नी ने उसके हाथ पहचान लिये थे। उसने तोम्मी से कहा कि तुम मेरे हाथ छूकर देखो। क्या स्पर्शमात्र से तुम पहचान सकते हो कि यह मेरा हाथ है? सरोजा के खुंखार भाई ज़मींदार का घर जला देते हैं। वह बदहवास जंगलों में भागने के लिए मजबूर है। तोम्मी को वह अपने साथ ले लेता है। एक जबरदस्त अपराध भावना इस क्रूर ज़मींदार को अन्तिम दिनों में बुरी तरह सता रही है। उसके भीतर से एक मनुष्य पैदा होने की असफल कोशिश कर रहा है। वह पहली बार अपने नौकर को उसके नाम से पुकारता है। अपने को बचाने का साहस भी उसमें नहीं रह गया है। उसके हत्यारे उसे घेर लेता हैं। मृत्यु से पहले अपनी बन्दूक और हाथ उठाकर वह आत्मसमर्पण कर देता है। अन्तिम दृश्य में तोम्मी भाग रहा है। अपनी पत्नी ओमना से मिलने के लिए वह भाग रहा है। अपने क्रूर मालिक के मरने का भी उसे अफसोस हुआ था, लेकिन अब अचानक उससे मुक्ति का अपूर्व आनन्द भी उसे जैसे पता चल गया है।

निर्देशक ने मुख्य रूप से शासक और शासित के सम्बन्धों को अपनी पटकथा में

जगह दी है। लेकिन फिल्म की दोनों स्त्रियों- सरोजा और ओमना- छोटे-छोटे प्रसंगों में भी अपनी दुनिया को अच्छी तरह से बनाती है। अडूर ने क्रूरता और किसी क्रूर योजना की असफलता से उत्पन्न हास्य की स्थिति, दोनों ही से एक विचित्र प्रकार की दूरी का सम्बन्ध बना रखा हैं। लेकिन इस प्रक्रिया में एक सम्पूर्ण सामाजिक स्थिति और मानव सम्बन्धों की अनगिनत तहें पर्दे पर आती है। इस फिल्म में नायक के किरदार में मम्मूट्टी ने श्रेष्ठ अभिनय किया है।

अडूर गोपालकृष्णन की फिल्मों की यह विशेषता है कि वे अपनी फिल्मों में एक माहौल बनाते हैं। प्रकृति उनकी फिल्मों में एक गहरी उपस्थिति है और अपने मुख्य चरित्रों के भीतर तक जाने में उनका विश्वास है। वह जानते हैं कि मनुष्य का मन एक ऐसबर्ग (हिमशैल) की तरह है। वह ऊपर जितना दीखता है, उससे ज़्यादा नीचे है। नीचे का बड़ा हिस्सा बस दिखाई नहीं दे रहा है।

अडूर गोपालकृष्णन की नई फिल्म 'नालु पेण्णुंगल' से उन्हें 2007 के सर्वश्रेष्ठ निर्देशक का राष्ट्रीय पुरस्कार मिला। इस फिल्म का कहानीकार तकषी शिवशंकर पिल्लै है। 'स्वयंवरम', 'अनन्तरम', 'मुखामुखम', 'मतिलुकल' आदि फिल्मों से भी उन्हें निर्देशक का राष्ट्रीय पुरस्कार प्राप्त हुआ था। 2005 में दादा साहेब फाल्के पुरस्कार से अडूर गोपालकृष्णन सम्मानित किये गये।

सीन 8

भूमंडलीकरण और हिन्दी सिनेमा

सन् 1992 से बाद का समय भारत में आर्थिक उदारीकरण के लिए जाना जाता है। भूमंडलीकरण की वजह से पूरा विश्व ग्लोबल विलेज में तब्दील हो गया है। भूमंडलीकरण का असर सार्वजनिक जीवन के हर क्षेत्र में पड़ा है। इसका प्रभाव हिन्दी सिनेमा को अछूता नहीं छोड़ा है।

गरीब और किसानों का वह भारत जो गाँवों में बसता है, हिन्दी सिनेमा से लगभग बाहर कर दिया गया है, क्योंकि वह विश्व-बाज़ार के लिए लाभदायक नहीं है। आज 'दो बीघा ज़मीन' (भारतीय किसान के अभावों से भरे जीवन की सुन्दर रचना) या 'मदर इंडिया' (ग्रामीण परिवेश में एक किसान परिवार के अभावग्रस्त जीवन तथा साहूकारों की अर्थ-लिप्सा के द्वारा शिकार होने की दयनीय अवस्था का चित्रण) या 'उपकार' (स्व.प्रधानमंत्री श्री. लालबहादुर शास्त्री के द्वारा दिये गये नारे 'जय जवान जय किसान' पर आधारित फिल्म) जैसी फिल्में नहीं आतीं। अब एक ऐसे नौजवान नायक ने हिन्दी सिनेमा में जगह बना ली है जिसके नैतिक और सामाजिक मूल्यों में पश्चिमीकरण है। यह नायक वैश्विक बाज़ार चेन याने शॉपिंग मॉल कलचर का बडा ग्राहक है। यह पश्चिमी देशों के लिए बडा परचेजिंग और मॉन पॉवर है जो भारत से निर्यात होने के लिए लालायित है। इस विश्व बाज़ार में पश्चिमी देशों की खरीदने की क्षमता के हाथों सब बिक रहे हैं। ऐसे में सिनेमा कहाँ पीछे रहे? इसलिए विदेशी लोकेशन की शूटिंग और मस्तभरी ज़िंदगी के सपने आज हिन्दी सिनेमा की ज़रूरत बना दी गई है। यह भूमंडलीकरण का परिणाम है। यहाँ 'स्ट्रीट सिंगर' (सड़क पर गीत गाकर भीख माँगने

वाले) का, 'फुटपाथ' (फुटपाथ पर रहने वाले) का, 'तकदीर' (निर्धन गायक) का नायक मिसफिट है, वे पिछड़ेपन का प्रतीक हैं। जो पेप्सी पीता है, बर्गर तथा पीज़्ज़ा खाता है। वही पश्चिम के लिए महत्त्व रखता है।

भूमंडलीकरण के कारण अब अनिवासी भारती यही फिल्म के पात्र होने लगे हैं।

उदाहरण : 'परदेस', 'ताल', 'दिलवाले दुल्हनिया ले जाएँगे', 'दिल तो पागल है', 'कुछ कुछ होता है', 'हम दिल दे चुके सनम', 'कभी खुशी कभी गम', 'आ अब लौट चलें' आदि।

अपने देश की झूठी शान के संवाद भले ही उगलें, उसकी तारीफ में गाने भले ही गाये, पर ज़ोर रहेगा विदेशी सभ्यता पर। हिन्दी फिल्मों में अंग्रेज़ी का प्रयोग बढ़ा है और तकनीक की दृष्टि से 'कोई मिल गया', 'कृश' जैसी हॉलीवुड मार्का फिल्म बन रही है और बेहतरीन कलक्शेन कर रही है।

विश्व स्तर पर हिन्दी सिनेमा की जो भी पहचान बनी है वह अप्रवासी भारतीयों की बढ़ती संख्या और प्रभाव के कारण ही सम्भव हो गया है। अप्रवासी दर्शकों के अलावा फिजी, मॉरिशस, सुरीनाम, वेस्टइंडजी, अमेरिका, कानडा, इग्लैंड, अरब देश आदि में हिन्दी सिनेमा के सफल बाज़ार खुले हैं। ओवरसीज़ मार्केट और मल्टीप्लेक्स कल्चर को ध्यान में रखकर फिल्में बनानेवाले कुछ निर्माता हैं-करण जौहर, यश चोपड़ा, रवि चोपड़ा, सुभाष घई, रामगोपाल वर्मा, संजय लीला भंसाली, फरहान अख्तर आदि। मीरा नैयर की अमेरिकी-भारतीय अप्रवासी सिनेमा 'मिसीसीपी मसाला' को अमेरिकी दर्शकों की काफी सराहना मिली है।

आज कई देशों में अन्तर्राष्ट्रीय फिल्म समारोह होने लगे हैं। भूमंडलीकरण से जहाँ देशों के दर्शकों में नज़दीकियाँ बढ़ रही हैं वहाँ बाज़ारवाद के कारण बहुत महंगी फिल्मों का निर्माण भी हो रहा है। अमिताभ बच्चन, शाहरुख खान आदि की लोकप्रियता बहुत बढ़ी

है। फिल्म का बजट 50 करोड़ से ऊपर चला गया है और मल्टीप्लेकस में टिकट का रेट 200 से 300 रुपए हो गया है।

भूमंडलीकरण के दौर में हिन्दी सिनेमा अपना घर भूल गया है। यह वैश्विक बाज़ार का अँधेरा पहलू है कि उसने हमारी स्थानीय पहचान को बिसारने की शुरुआत कर दी है, चाहे समाज में, चाहे सिनेमा में।

❑❑